prendas de punto para bebé

50 modelos para mimar
a bebés y niños pequeños

prendas de punto para bebé

50 modelos para mimar a bebés y niños pequeños

BLUME

DEBBIE BLISS

introducción

A lo largo de mis años de profesión he diseñado para niños y para adultos; sin embargo, debo admitir lo especial que es para mí crear prendas de punto tejidas a mano para bebés. Me encanta cada parte del proceso de creación, desde la etapa inicial, cuando imagino el modelo y pienso en los colores, los tipos de hilos o en definir la forma, hasta que está terminado y fotografiado en los niños, la culminación de todo el trabajo.

En una época en que la mayoría de la ropa infantil se fabrica en serie, es difícil de superar el agradable sentimiento que produce regalar o recibir una prenda de bebé tejida a mano. La gran alegría del que la recibe iguala la agradable satisfacción de quien la teje. Y para un principiante el tamaño de una prenda de bebé permite ver rápidamente cómo se va creando la misma, cómo va tomando forma y, al mismo tiempo, practicar nuevas técnicas a una escala relativamente reducida.

Diseñar para niños es muy diferente a hacerlo para adultos. Aunque el estilo también es importante, las prendas infantiles han de ser prácticas y cómodas. Para los bebés prefiero las chaquetas a los jerséis porque a esa edad no se pueden sentar y puede ser difícil vestirlos sin que les resulte incómodo. Los jerséis deben tener escotes de tipo solapa o una tira de botones en el hombro para que pase la cabecita sin dificultad.

Es sumamente importante tener en cuenta el tipo de fibra al elegir un hilo. Deberá ser suave al contacto con la piel, pero a la vez seguro. Lanas como la angora, la alpaca o el mohair no son recomendables para los bebés. Todas las lanas que he utilizado en los diseños que aparecen en este libro –lana merino muy fina, mezclas de cachemira y mezclas de algodón– son apropiadas para bebés y todas se pueden lavar en la lavadora, pero

son suaves y agradables cuando entran en contacto con la delicada piel del pequeño.

Para reunir el material que conforma *Prendas de punto para bebé*, he seleccionado los cincuenta modelos que más me gustan de tres de mis libros anteriores, *Simply Baby, Essential Baby* y *Blankets, Bears and Bootees*. Hay muchos diseños para escoger: desde chaquetas clásicas y chales envolventes hasta cómodos gorros y graciosos juguetes, apropiados para diferentes grados de habilidad al tejer, aunque en general son sencillos y reflejan la nueva realidad en la que es más importante el cuidado del bebé que tejer.

puntos
básicos

hilos

tiposdehilos/lana

A la hora de elegir un hilo o lana para niños es imprescindible trabajar con una fibra que sea suave y delicada al contacto con la piel del bebé. Los bebés no se pueden quejar si un cuello es áspero o si los puños les irritan las muñecas, y los mayores están más acostumbrados a la libertad y la ligereza de las sudaderas, por lo que pueden resistirse a usar prendas tejidas a mano, alegando que son incómodas o que pican.

Los hilos o lanas que he escogido para los patrones de este libro son cachemira mezclado con algodón o con lana de merino –que proporcionan suavidad y durabilidad–, así como un algodón puro y una lana de merino extrafina.

Aunque hoy en día se confeccionan géneros extremadamente suaves, lo más importante es que se pueden lavar a máquina.

Es aconsejable utilizar siempre el hilo recomendado en el patrón. Cada uno de estos modelos ha sido concebido para un hilo específico: la chaqueta con capucha se confecciona con un hilo más suave, pues enmarca la cara del bebé, mientras que el jersey de bordes tubulares se ha tejido en algodón natural, que le aporta la firmeza necesaria para mantener la forma –una fibra más blanda o sintética lo deformaría.

Desde el punto de vista estético se puede perder la belleza y el detalle de una prenda de punto si se utiliza un hilo de calidad inferior. No obstante, hay situaciones que obligan a la sustitución del hilo –alergia a la lana, por ejemplo–, por eso, a continuación presento una guía para ayudar a una elección acertada.

Empecemos por comprar siempre la cantidad de lana recomendada en el patrón: sustituir punto doble por punto doble, por ejemplo, y verificar que la tensión de ambos hilos sea la misma.

Si se sustituye una fibra hay que tener en cuenta el diseño. Una muestra de trenzas trabajada en algodón si se teje en lana encogerá debido a la mayor elasticidad del hilo y, por tanto, el género se estrechará y alterará las medidas de la prenda.

Comprobemos siempre la longitud del hilo. Hilos que pesan lo mismo pueden tener longitudes distintas en el ovillo o madeja y, por tanto, se podrá necesitar más o menos hilo.

Descripción de mis hilos y guía de su peso y características:

Debbie Bliss Baby Cashmerino:
Un hilo ligero entre 4 cabos y punto doble.
55 % lana de merino, 33 % microfibra,
12 % cachemira.
125 m/50 g ovillo aprox.

Debbie Bliss Cashmerino Aran:
55 % lana de merino, 33 % microfibra,
12 % cachemira.
90 m/50 g ovillo aprox.

**Debbie Bliss Cashmerino Double Knitting
(punto doble):**
55 % lana de merino, 33 % microfibra,
12 % cachemira.
110 m/50 g ovillo aprox.

Debbie Bliss Bella:
85 % algodón, 10 % seda, 5 % cachemira.
95 m/50 g ovillo aprox.

Debbie Bliss Cotton Double Knitting:
100 % algodón.
84 m/50 g ovillo aprox.

comprar hilos

La etiqueta del ovillo contiene toda la información sobre la tensión, el tamaño de las agujas, el peso y la longitud. Es importante que también se indique el lote del tinte. Los hilos se tiñen en partidas o lotes y pueden variar notablemente. Es aconsejable comprar todo el hilo o lana necesarios para evitar que se agote en el proveedor; si cree que va a necesitar más de lo indicado en el patrón, es preferible adquirir hilo extra.

Si no puede comprar todo el hilo del mismo color, utilice el tono distinto en las zonas donde sea menos perceptible –cuello o bordes, por ejemplo–, ya que en la pieza principal se notaría demasiado. Aproveche también para (en caso de no tenerlas) comprar las agujas indicadas en el patrón; se ahorrará una decepción cuando llegue a casa.

el cuidado
de las prendas

El cuidado de las prendas de punto es fundamental para que se conserven en buen estado durante mucho tiempo. Es muy importante un lavado adecuado de las prendas del bebé, ya que exigen lavados más frecuentes. Compruebe las indicaciones de la etiqueta del ovillo para saber si el hilo se puede lavar a máquina y a qué temperatura. La mayoría de prendas hechas a mano debe secarse sobre una tela absorbente, por ejemplo una toalla, para que absorba la humedad. Si una prenda se ha deformado en la lavadora, para que recupere su forma original hay que extenderla sobre una superficie lisa. Aunque tenga mucha prisa nunca seque las prendas en una fuente directa de calor, por ejemplo, un radiador.

Si prefiere lavar a mano la ropita del bebé, utilice un detergente pensado para lanas y sumérjala en agua tibia, sin frotar ni retorcer. Escúrrala presionando para eliminar el exceso de agua. No levante una prenda de punto sin escurrirla antes, pues el peso del agua la deformará. Déjela secar de la forma descrita anteriormente.

técnicas

montar
puntos

El primer paso para tejer es crear una base de puntos, es decir, montarlos. Sin esta hilera no se puede empezar a trabajar.

Hay varias técnicas de montado. Se utiliza una u otra según el tipo de prenda o el gusto personal. Los dos ejemplos que explicamos a continuación, el montado simple y el montado en ochos, son los que considero más populares.

Para iniciar el montado hay que hacer el primer nudo o nudo corredizo.

nudo corredizo

1 Enrolle la lana alrededor de los dedos de la mano izquierda para obtener un bucle, tal y como se muestra en la ilustración. Con la aguja, tome la hebra procedente del ovillo y pásela a través del bucle formado con los dedos.

2 Tire de los dos extremos del hilo para sujetar el nudo en la aguja. Ya se pueden empezar a montar los puntos mediante cualquiera de las dos formas que explicamos a continuación.

montar puntos

montado simple

1 Haga un nudo corredizo como el que se explica en la pág. 15 y deje una hebra larga. Con el nudo corredizo en la aguja derecha y el hilo del ovillo por encima del dedo índice, pase la hebra que queda por encima del dedo pulgar de la mano izquierda de delante hacia atrás, sujetando el hilo en la palma de la mano con los dedos.

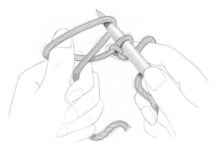

2 Introduzca la aguja hacia arriba por el bucle de hilo en el pulgar izquierdo.

El montado simple es un método que se realiza con una sola aguja y que crea un borde flexible, útil cuando se utilizan hilos que no son elásticos, como el algodón. Su elasticidad permite usarlo en labores en que se dobla el borde, como en la chaqueta cruzada con capucha (*véase* pág. 68).

A diferencia de los métodos en los que se utilizan dos agujas, con éste se trabaja hacia el final del hilo, es decir, hay que calcular la longitud que se necesitará para montar la cantidad precisa de puntos; de lo contrario, le puede faltar hilo para hacer los últimos puntos y tener que empezar otra vez. En caso de no estar seguro de la cantidad necesaria, siempre es mejor preparar más hilo y si sobra se puede utilizar para coser las costuras.

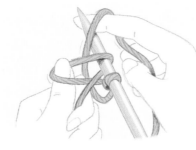

3 Con el dedo índice de la mano derecha, tome el hilo del ovillo y páselo por encima del extremo de la aguja.

4 Tire del hilo a través del bucle del dedo pulgar para formar un nuevo punto en la aguja. Después, deje que el bucle se deslice del pulgar izquierdo y estire la hebra suelta para apretar el punto. Repita estos pasos hasta montar el número de puntos necesario.

montado en ochos

1 Haga un nudo corredizo como el que se explica en la pág. 15. Sujete en la mano derecha la aguja en la que ha hecho el nudo e introduzca la otra aguja por el nudo, de izquierda a derecha y de delante hacia atrás. Ponga el hilo del ovillo por encima del punto de la aguja derecha como se muestra en la ilustración.

2 Con la aguja derecha, forme un bucle a través del nudo corredizo para obtener un nuevo punto. No suelte el punto de la aguja izquierda. Deslice el nuevo punto en la aguja izquierda como se muestra en la ilustración.

Para el montado en ochos se utilizan dos agujas. Este método es especialmente adecuado para los bordes acanalados, ya que crea un borde resistente y a la vez elástico. Como hay que introducir la aguja entre los puntos y estirar el hilo para formar uno nuevo, hay que cerciorarse de no apretar demasiado el nuevo punto. El montado en ochos es uno de los métodos de montado más utilizados.

3 A continuación, introduzca la aguja derecha entre los dos puntos de la aguja izquierda y rodee el hilo alrededor del extremo de la aguja derecha.

4 Tire del hilo para obtener un punto nuevo y después coloque el nuevo punto en la aguja izquierda, como se ha indicado anteriormente. Repita los dos últimos pasos hasta montar el número de puntos necesario.

puntodel derecho

Los puntos del derecho y del revés constituyen la base de casi todas las labores tejidas a mano. El punto del derecho es el más fácil de aprender y es el primero que practicaremos. Cuando se trabaja de forma continuada crea un tejido reversible denominado *punto bobo.* Este punto se reconoce por los resaltes que se forman en la parte superior de los bucles tejidos.

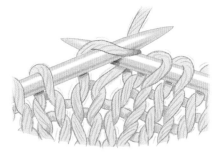

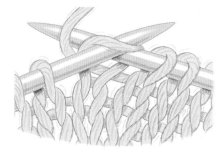

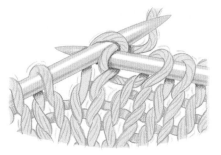

1 Con los puntos montados en la aguja de la izquierda, inserte la aguja derecha, de izquierda a derecha y de delante hacia atrás, en el primer punto montado.

2 Tome el hilo del ovillo con el dedo índice (el hilo de trabajo) y páselo alrededor del extremo de la aguja derecha.

3 Pase la aguja derecha y el hilo a través del punto para formar un nuevo punto en la aguja derecha y, al mismo tiempo, deslice el punto original de la aguja izquierda. Repita estos pasos hasta trabajar todos los puntos de la aguja izquierda. Ya ha realizado una hilera de punto del derecho.

y punto del revés

Después del punto del derecho pasamos al punto del revés. Cuando este punto se trabaja de forma continuada, forma el mismo tejido que el punto bobo. Sin embargo, si se tejen hileras de punto del derecho y de punto del revés de forma alterna, se consigue el punto de media, el más utilizado.

1 Con el hilo por delante de la labor, introduzca la aguja derecha, de derecha a izquierda, en la parte delantera del primer punto de la aguja izquierda.

2 A continuación, tome el hilo del ovillo con el dedo índice (el hilo de trabajo) y páselo por encima de la aguja derecha.

3 Pase la aguja derecha y el hilo a través del punto para formar un nuevo punto en la aguja derecha y al mismo tiempo deslice el punto original de la aguja izquierda. Repita estos pasos hasta trabajar todos los puntos. Ya ha realizado una hilera de punto del revés.

aumentar

aumentar uno

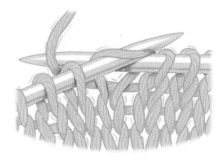 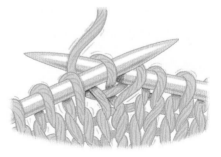

1 Introduzca la aguja derecha en la parte anterior del siguiente punto. Téjalo, pero déjelo en la aguja derecha.

2 Meta la aguja derecha en la parte posterior del mismo punto. Téjalo. Después, deslice de la aguja el punto original. Ya tiene un nuevo punto en la aguja derecha.

hacer uno

Aumentar puntos proporciona anchura a la prenda al añadir más puntos. Se utiliza, por ejemplo, cuando se está dando forma a las mangas o cuando se necesitan puntos adicionales después de un vivo acanalado. Algunos aumentos son invisibles, mientras que otros se trabajan desde el borde de la labor y resultan visibles porque también constituyen un detalle decorativo. Casi todos los patrones indican el tipo de aumento que hay que hacer.

 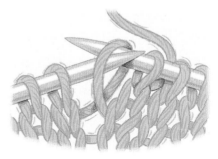

1 Introduzca la aguja izquierda, de delante hacia atrás, bajo la hebra horizontal entre el punto que se acaba de trabajar en la aguja derecha y el primer punto de la aguja izquierda.

2 Teja por detrás del bucle para retorcerlo y evitar que aparezca un agujero. Suelte la hebra de la aguja izquierda. Ya tiene un nuevo punto en la aguja derecha.

hilo sobre aguja

hilo sobre aguja entre puntos del derecho

Lleve el hilo hacia delante entre las dos agujas, de detrás hacia delante de la labor. Para hacerlo, tome el hilo sobre la aguja derecha y teja el siguiente punto.

hilo sobre aguja entre puntos del revés

Lleve el hilo sobre la aguja derecha hacia atrás y después entre las dos agujas hacia delante. Haga el siguiente punto del revés.

hilo sobre aguja entre un punto del revés y uno del derecho

Pase el hilo desde delante hacia atrás sobre la aguja derecha. Haga el siguiente punto del derecho.

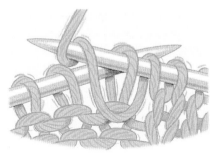

hilo sobre aguja entre un punto del derecho y un punto del revés

Lleve el hilo hacia delante entre las dos agujas, de detrás hacia delante de la labor, y páselo de nuevo por encima de la aguja derecha hacia atrás y después hacia delante entre las agujas. Haga el siguiente punto del revés.

cerrar

Cerrar puntos permite rematar
la pieza tejida, así como que éstos
no se suelten. También se usa
para disminuir más de un punto
a la vez, por ejemplo, cuando
se hacen sisas, cuellos y ojales.
Es importante que el borde sea
firme pero elástico, especialmente
en el caso de un cuello, para
que se pueda pasar bien por la
cabeza. Si no se indica lo contrario,
cierre en el patrón utilizado
en la pieza.

cerrar con punto del derecho

1 Teja dos puntos del derecho. Introduzca
la aguja izquierda en el primer punto
tejido en la aguja derecha, levántelo
por encima del segundo punto y sáquelo
de la aguja derecha.

2 Ahora tiene un punto en la aguja derecha.
Teja el siguiente punto del derecho. Repita
el primer paso hasta que haya cerrado
todos los puntos. Estire el hilo a través
del último punto para rematar la labor.

cerrar con punto del revés

1 Teja dos puntos del revés. Introduzca
la aguja izquierda por detrás del primer
punto tejido en la aguja derecha, levántelo
sobre el segundo punto y sáquelo
de la aguja derecha.

2 Ahora tiene un punto en la aguja derecha.
Teja el siguiente punto del revés. Repita
el primer paso hasta que haya cerrado
todos los puntos. Estire el hilo a través
del último punto para rematar la labor.

disminuir

dos puntos del derecho

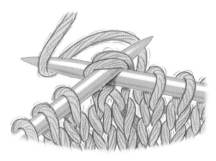

tejer dos puntos del derecho (d2jun o dis 1 p)
En una vuelta del derecho, introduzca la aguja derecha, de izquierda a derecha, a través de los dos puntos de la aguja izquierda y téjalos del derecho. Hemos disminuido un punto.

dos puntos del revés

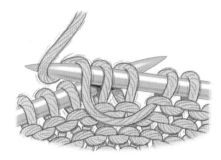

tejer dos puntos juntos del revés (r2jun o dis 1 p).

En una vuelta del revés, introduzca la aguja derecha, de derecha a izquierda, a través de los dos puntos de la aguja izquierda y téjalos del revés. Hemos disminuido un punto.

deslizar un punto

Se disminuye para estrechar la prenda, eliminando puntos de la aguja. Con las disminuciones se hacen la abertura del cuello o se da forma a una manga. Al igual que los aumentos, se pueden usar como adorno, normalmente en el borde del escote. Se pueden trabajar al mismo tiempo aumentos y disminuciones para crear patrones de encaje.

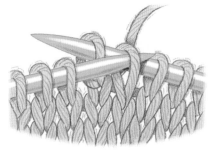

Deslizar un punto, tejer 1 del derecho, pasar el punto deslizado por encima del tejido (ppde).
1 Introduzca la aguja derecha en el siguiente punto de la aguja izquierda y deslice un punto de la aguja izquierda hacia la aguja derecha, sin tejer. Teja el punto siguiente del derecho. Meta la aguja izquierda en el punto deslizado, como se muestra.

2 Con la aguja izquierda, levante el punto deslizado por encima del que acaba de tejer y suéltelo de la aguja derecha.

patrones

Para quien no esté acostumbrado a leer patrones le puede parecer complicado. Sin embargo, a medida que se vaya familiarizando con la terminología, verá que es lógica y coherente y que enseguida le resultará fácil de interpretar.

No se desanime si lee un patrón por primera vez y algunas partes le confunden, ya que en muchos casos las instrucciones tienen más sentido cuando los puntos ya están en las agujas y ya ha llegado a esa fase de la prenda. De cualquier forma, es aconsejable elegir diseños acordes con sus aptitudes para evitar decepciones; consulte con su proveedor.

Las cifras entre paréntesis hacen referencia a las tallas más grandes. Cuando sólo hay una cifra, significa que los números son válidos para todas las tallas.

Los corchetes contienen instrucciones que se repiten el número de veces indicado después de los mismos. Si aparece el 0 no se trabajan ni puntos ni vueltas para esa talla. Siempre que siga las instrucciones de un patrón, utilice los puntos y las vueltas correspondientes a la talla elegida. Para evitar equivocaciones se aconseja marcar las indicaciones con un rotulador, pero primero es mejor hacer una fotocopia del patrón para no estropear el libro. Antes de empezar compruebe la talla y las medidas. Puede hacer una prenda más grande o más pequeña dependiendo de sus necesidades. Las cantidades de hilo indicadas en las explicaciones son aproximadas y tienen como referencia las usadas en el modelo original. Por ejemplo, una persona puede haber utilizado casi toda la lana del último ovillo, mientras que otra, con una tensión de punto distinta,

puede tener que empezar un nuevo ovillo para terminar la labor. Una pequeña variación del punto determina si se han de emplear más o menos ovillos que los indicados en el patrón.

tensión y muestra

En cualquier explicación de punto encontrará la muestra de orientación, es decir, el número de puntos y vueltas tejidos en 10 cm, con la lana, las agujas y el punto especificados.

Es muy importante hacer una muestra antes de empezar con una nueva labor. Una pequeña variación en la tensión es suficiente para alterar las proporciones y el aspecto de una prenda. Poca tensión origina un tejido irregular y flojo, que puede perder la forma después de lavado, mientras que si la tensión es excesiva, el resultado es una prenda sin elasticidad.

Hacer una muestra

Utilice las mismas agujas, hilo y punto indicados en las explicaciones del patrón. Para conseguir un resultado bastante exacto, teja un cuadrado de unos 13 cm de lado. Extiéndalo sobre una superficie plana sin tirar de él. Para comprobar la tensión del punto, coloque en horizontal sobre la muestra una cinta métrica o una regla, mida 10 cm y márquelos en vertical con dos alfileres. Cuente el número de puntos entre los alfileres. Para comprobar

la tensión de las vueltas, proceda de la misma forma, pero en este caso cuente el número de vueltas. Si el número de puntos y vueltas es mayor que el indicado en las explicaciones, la tensión es excesiva y deberá hacer otra muestra con unas agujas más gruesas. Si por el contrario hay menos puntos y vueltas, la tensión es inferior a la requerida y deberá trabajar con unas agujas más finas. La tensión del punto es fundamental para conseguir un resultado perfecto. Mientras que el número de puntos viene indicado en el patrón, la longitud total vendrá normalmente en centímetros, por lo que puede variar el número de vueltas.

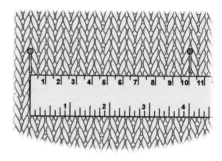

abreviaturas

Las abreviaturas generales las encontrará al principio de cualquier patrón, mientras que las específicas se hallan al comienzo de las explicaciones. A continuación se indican las que hemos utilizado en este libro.

abreviaturas generales

alt = alternar

aum = aumentar

cont = continuar

dis = disminuir

d = tejer punto derecho

des = deslizar punto

desl2d = deslizar 1 p del derecho 2 veces, introducir la punta de la aguja izquierda, de izquierda a derecha, por el p deslizado

emp = empezar y tejer juntos

ha = hilo hacia atrás

hd = hilo hacia delante

hsa = hilo sobre aguja

jun = juntos

laz o c1 = hacer un punto recogiendo la lazada entre el punto que se acaba de trabajar y el siguiente y trabajarlo por detrás

mues = muestra

mpde = montar el punto deslizado

ppde = pasar el p deslizado por encima del tejido

p = punto

p media = punto de media

prbu = por el revés del bucle (teja detrás del punto)

r = tejer punto revés

rep = repetir

rest = restantes

sig = siguiente

tiposdepuntos

Cuando ya tenga práctica con el punto del derecho y el punto del revés, puede utilizarlos en infinitas combinaciones. Cada punto tiene sus características y cada persona su favorito. El mío es el punto de arroz, que utilizo en la mayoría de mis diseños.

punto bobo

También llamado de *musgo* o de *santa Clara*. Se tejen todas las vueltas del derecho, la labor queda firme y su estructura es reversible. Resulta muy útil para prendas planas y sin bordes, ya que no se enrolla. Con este punto, los principiantes podrán crear prendas sencillas sin ribetes ni bordes.

Monte los puntos.
Teja en todas las vueltas todos los puntos del derecho.

punto de media

Es el punto más utilizado. Se realiza tejiendo vueltas del derecho y del revés. La vuelta del revés se considera el revés de la labor, pero cualquiera de los lados puede ser el revés, según el efecto deseado. Cuando se usa el lado del revés como lado derecho, se llama *reverso del punto de media*.

Monte los puntos.
Vuelta 1 (del derecho) al derecho.
Vuelta 2 (del revés) al revés.
Repita las dos vueltas.

elástico 1 x 1

El elástico o canalé se hace alternando columnas verticales de punto del derecho y punto del revés. El cambio de un punto a otro se realiza en la misma vuelta. Se puede utilizar como un punto en toda la pieza, pero su elasticidad lo hace perfecto para los bordes: tiras del escote, bajos y puños.

Monte un número par de puntos.
Vuelta 1 * D1, r1, rep d * hasta el final.
Repita esta vuelta para formar el elástico.

elástico 2 x 2

Monte un número de puntos múltiplo de 4, más 2.
Vuelta 1 d2, * r2, d2, repita de * hasta el final.
Vuelta 2 R2, * d2, r2, repita de * hasta el final.
Repita siempre estas dos vueltas.

punto de arroz

Es uno de los puntos básicos más atractivos. Es igual en ambos lados y se consigue tejiendo alternadamente puntos del revés y del derecho en la vertical y en la horizontal. Se puede utilizar como punto base o también como una alternativa al elástico o como adorno.

Monte un número de puntos impar.
Vuelta 1 D1, * r1, repita de * hasta el final.
Repita esta vuelta.

punto de media

punto bobo

punto de arroz

elástico 2 x 2

elástico 1 x 1

trenzas

trenza hacia la izquierda

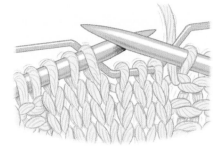 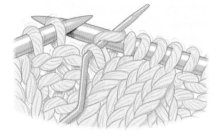

1 Pase los tres primeros puntos de la aguja izquierda a una aguja para trenzas. Mantenga la aguja auxiliar detrás de la labor y teja del derecho los tres puntos siguientes de la aguja izquierda. Conserve el hilo tenso para evitar un agujero.

2 Teja del derecho los tres puntos de la aguja auxiliar, o si lo prefiere, páselos a la aguja principal y téjalos. Esto completa la trenza.

trenza hacia la derecha

La base de las trenzas es una técnica simple en que los puntos se cruzan sobre un grupo de puntos de la misma vuelta. Se utiliza una aguja especial para trenzas (una aguja recta o curvada de doble punta) que sujeta los puntos por delante o detrás de la labor, mientras se trabaja el mismo número de puntos de la aguja izquierda. Las trenzas simples forman una cuerda torcida vertical en punto de media de cuatro a seis puntos de anchura sobre una base del revés.

1 Pase los tres primeros puntos de la aguja izquierda a una aguja para trenzas. Mantenga la aguja auxiliar delante de la labor y teja del derecho los tres puntos siguientes de la aguja izquierda. Conserve el hilo tenso para evitar que aparezca un agujero.

2 Teja del derecho los tres puntos de la aguja auxiliar, o si lo prefiere, páselos a la aguja principal y téjalos. Esto completa la trenza.

intarsia

La intarsia se utiliza para añadir color a formas lisas y sencillas o para tejer dibujos. La lana que no se usa se ha de llevar por detrás de la labor hasta que la utilice. Con esta técnica usaremos pequeñas madejas de cada color que se van alternando, pasándolas con firmeza para evitar la formación de agujeros.

rayas verticales

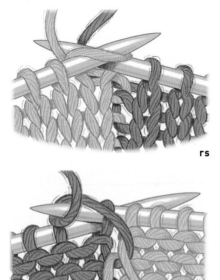

en diagonal derecha

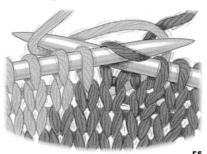
rs

en diagonal izquierda

rs

ws

ws

cambiar colores en rayas verticales
Si las dos zonas de color forman una línea vertical, para cambiar colores en la vuelta del derecho, deje el primer hilo, recoja el nuevo por debajo de él como se muestra en la ilustración y siga con el nuevo color. Para cambiar de color en líneas verticales, cruce los hilos juntos en las vueltas del derecho y del revés.

cambiar colores en diagonal derecha
Si los dos colores forman una línea diagonal derecha, en la vuelta del derecho, deje el primer hilo, recoja el nuevo por debajo de él, como se muestra en la ilustración, y siga con el nuevo color. Cruce los dos hilos en las vueltas del derecho sólo en los cambios de color en diagonal derecha.

cambiar colores en diagonal izquierda
Si los dos colores forman una línea diagonal izquierda, en la vuelta del revés, deje el primer hilo, recoja el nuevo por debajo de él, como se muestra en la ilustración, y siga con el nuevo color. Cruce los dos hilos en las vueltas del revés sólo en los cambios de color en diagonal izquierda.

tejerapartirdeunesquema

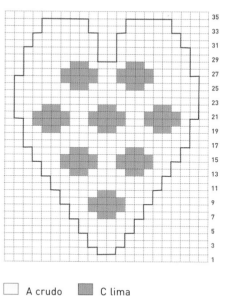

☐ A crudo   ▩ C lima

Normalmente, los colores se trabajan
a partir de un esquema en lugar de
explicarlos en el texto. Cada cuadrado
representa un punto y cada línea una
vuelta. Las instrucciones contienen
una clave y un listado de colores.

A menos que se indique lo contrario,
la primera vuelta del esquema se trabaja
de derecha a izquierda y corresponde
a la primera vuelta del derecho de la labor.
La siguiente vuelta corresponde al revés
de la labor y se teje de izquierda a derecha.

Si el dibujo a color es un diseño muy
repetitivo, como en el caso del jacquard,
en el esquema se indica la cantidad
de puntos que se deben repetir.

Repita el número de veces que
se indica. Los puntos de los bordes
se trabajan al principio y al final
de las vueltas e indican el comienzo
y el final de la labor. La mayoría de
los esquemas se trabajan en punto
de media (o punto jersey).

jacquard con hebras pasadas

en una vuelta del derecho

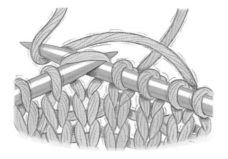 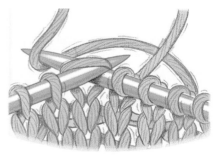

1 Para cambiar colores en una vuelta del derecho, suelte el hilo. Tome el nuevo por encima del primero y teja del derecho con el nuevo color.

2 Para volver al primer color, suelte el hilo. Tome el primero por debajo del segundo y teja del derecho hasta el nuevo cambio de color y así sucesivamente.

en una vuelta del revés

Utilice esta técnica para trabajar dos colores por vuelta en un pequeño grupo de puntos. La lana que no se usa se lleva por detrás de la labor y se va tomando a medida que se necesita. Esto crea unas hebras que quedan alineadas en horizontal por el revés. Procure evitar que queden demasiado tirantes para no fruncir la labor. Pasar las hebras arriba y abajo entre ellas evita enmarañados.

1 Para cambiar colores en una vuelta del revés, suelte el hilo. Tome el nuevo por encima del primero y teja del revés con el nuevo color.

2 Para volver al primer color, suelte el hilo. Tome el primero por debajo del segundo y teja del revés con el nuevo color y así sucesivamente.

jacquard con hebras tejidas

en una vuelta del derecho

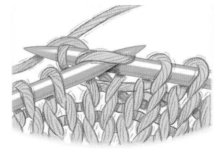 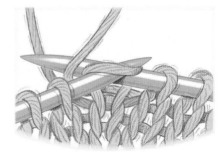

1 Para entretejer una hebra en una vuelta del derecho, introduzca la aguja en el punto siguiente y tome el nuevo color con el extremo de la aguja derecha. Teja un punto del derecho y pase la hebra por debajo del hilo que no se usa, teniendo cuidado de no tomar este hilo al tejer.

2 Teja del derecho el punto siguiente y lleve el nuevo color sobre la aguja derecha. Continúe llevando el hilo alternativamente arriba y abajo de forma que quede entretejido, hasta que necesite utilizarlo otra vez.

en una vuelta del revés

Cuando hay más de cuatro puntos de cada color, la distancia para pasar la hebra es muy amplia y el tejido queda demasiado tirante. El revés sería muy incómodo, en especial el interior de las mangas. Entretejer el hilo que no se usa, antes de cambiar el color, disminuye la logitud de las bastas. Dependiendo del patrón puede combinar esta técnica con la de pasar hebras.

1 Para entretejer una hebra en una vuelta del revés, introduzca la aguja derecha en el punto siguiente y tome el nuevo color con el extremo de la aguja derecha. Teja un punto del revés y pase la hebra por debajo del hilo que so se usa, teniendo cuidado de no tomar este hilo al tejer.

2 Teja del revés el punto siguiente y lleve el nuevo color hacia la aguja derecha. Continúe llevando el hilo alternativamente arriba y abajo de forma que quede entretejido, hasta que necesite utilizarlo otra vez.

costuras

Después de haber tejido todas
las piezas de una prenda, llega
una de las etapas más importantes.
La forma de coser cada una de ellas
es determinante para un buen
acabado. Hay varios tipos de costuras
pero la mejor, sin ninguna duda,
es la costura con punto en escalera,
que es prácticamente invisible.
Se puede aplicar en el punto de
media, el punto elástico, el punto
bobo y el punto de arroz.

36

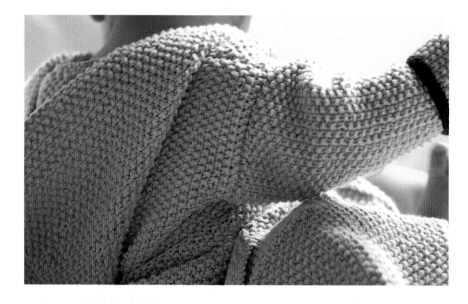

Este tipo de costura es el que más uso,
ya que resulta invisible. Es eficaz con
cualquier hilo o lana y forma una costura
plana que une a la vez ambos lados
—esto evita tener que sujetar previamente
las piezas con alfileres.

Se cose siempre por el lado derecho del
tejido y es muy útil para cerrar puntos con
rayas o dibujos como en el estilo jacquard.

Aunque no empleo mucho otros tipos
de costuras, también tienen su utilidad.
Por ejemplo, el pespunte puede servir
para coser una manga con más volumen.
Es también útil para unir cabos sueltos
en labores de *patchwork* o hebras sueltas
del ribete. Recuerde que para usar el
pespunte la prenda deberá estar bien
recta y sujeta.

La costura para unir dos bordes
sirve para los hombros, mientras que
la unión de un ribete con un borde
normalmente se utiliza para unir una
manga de costura caída, a los lados.
Deberá dejar un cabo largo al cerrar
los puntos para utilizarlo al unir la pieza.
Si no es posible, enhebre una aguja
lanera con un hilo largo.

Las costuras de punto han de coserse
con agujas laneras de punta roma o de
tapicería para evitar romper el hilo. Antes
de coser los lados, una las costuras de
los hombros y cosa las mangas a menos
que sean de tipo raglán. Si quiere poner
algún adorno, por ejemplo, bolsillos
o bordados, hágalo cuando la pieza
esté estirada.

costuras

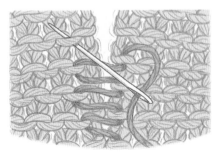

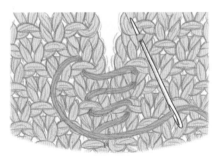

costura con punto en escalera en punto del derecho y elástico 2 x 2

Coloque los dos lados del derecho hacia arriba con los bordes unidos, introduzca la aguja entre el primer y el segundo punto de un borde y sáquela tomando el primer y el segundo punto del otro borde. Siga hasta cerrar la costura.

costura con punto en escalera en punto bobo

Coloque los dos lados del derecho hacia arriba, introduzca la aguja por debajo del primer bucle del borde y por arriba del bucle correspondiente en el otro borde. Prosiga hasta cerrarlos y formar una costura plana.

costura con punto en escalera en punto de arroz

Con los dos lados del derecho hacia arriba, introduzca la aguja en la hebra que hay entre el primer y el segundo punto del borde y sáquela tomando la hebra del otro borde.

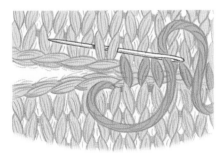

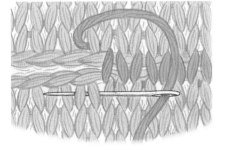

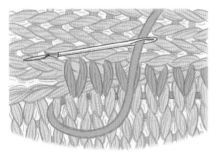

unir dos bordes cerrados en tubular (injerto)

1 Con los bordes juntos, saque la aguja por el bucle del primer punto después del borde. Introdúzcala. Después, métala en el bucle del primer punto del otro borde y sáquela por el centro del siguiente punto.

2 A continuación, introduzca de nuevo la aguja en el bucle del primer borde y sáquela por el centro del bucle siguiente. Continúe de este modo hasta terminar la costura.

unir bordes tubulares con ribetes

Introduzca la aguja de detrás hacia delante por el bucle del primer punto del borde tubular. Después, tome las dos hebras entre el primer y el segundo punto del ribete y de nuevo por el bucle del mismo punto tubular. Siga hasta terminar la costura.

recoger puntos

Cuando se añade un borde a la prenda, por ejemplo, el borde delantero o la tira del cuello, generalmente se recogen puntos en la orilla. Aunque el borde también se puede coser a la prenda, el método de recoger puntos es mucho más eficaz. Si se recogen puntos en un borde largo, como en el borde delantero de una chaqueta, también se puede utilizar una aguja circular larga para que quepan todos los puntos. El patrón generalmente indica los puntos que hay que recoger.

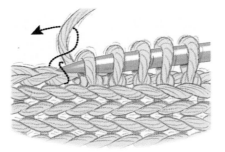

recoger puntos a lo largo de un ribete
Con la labor del derecho, introduzca la aguja de delante hacia atrás entre el primer y el segundo punto de la primera vuelta. Ponga el hilo alrededor de la aguja y haga un bucle para formar el nuevo punto en la aguja. Continúe de esta forma a lo largo del borde de la labor.

recoger puntos a lo largo de la tira del cuello
En una tira del cuello, trabaje a lo largo de los bordes rectos igual que en el método anterior. A lo largo de los bordes curvados, introduzca la aguja por el centro del punto por debajo de la curva (para evitar los agujeros) y tire un bucle de hilo para formar un nuevo punto en la aguja.

tejerenuna agujacircular

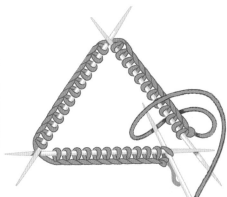

**tejer en círculo
con cuatro agujas**

Este método se utiliza para
labores tubulares o sin
costura. Los puntos se dividen
equitativamente en tres agujas y la aguja
restante se emplea para tejer. Las agujas
forman un triángulo que une el último
punto montado con el primero. Hay que
tener cuidado de que el borde montado
no esté retorcido. La cuarta aguja se
utiliza para tejer los puntos de la primera,
y después, a medida que el resto de agujas
se van quedando vacías, se usa para
trabajar los puntos de la aguja siguiente.
Al cambiar de una aguja a otra, hay que
estirar bien el hilo para evitar que se
haga una carrera. Señale el comienzo
del círculo con un rotulador.

bordados

Los bordados constituyen una magnífica forma de adornar una chaqueta sencilla como la chaqueta con margaritas o crear un efecto concreto como en la manta para bebé. Para aquellos que no tengan mucha confianza en sus habilidades con el jacquard o con la intarsia, el bordado es una buena manera de añadir color a una prenda.

punto de festón

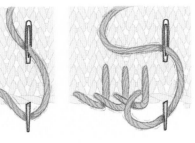

punto de nudo

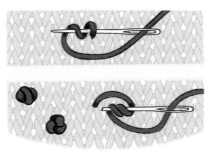

punto reseguido

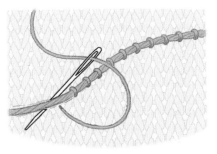

Aunque el punto de festón se suele utilizar en el borde de una pieza tejida, el principio es el mismo que para el ojal de la chaqueta con margaritas (*véase* pág. 148). Hay que asegurar el hilo en el borde del tejido. Después de decidir la medida de los puntos que se necesitan y la distancia que habrá entre ellos, introduzca la aguja de delante hacia atrás, teniendo en cuenta la medida y la distancia y asegurándose de que el hilo esté por debajo de la punta de la aguja en el borde del tejido. Tire del hilo y vuelva a introducir la aguja a poca distancia, con el hilo de nuevo debajo de la aguja. Repita la operación hasta que haya hecho el ojete a lo largo del borde y asegurado el último punto.

Pase la aguja hacia arriba a través del tejido. Envuelva el hilo dos veces alrededor de la aguja y manténgalo tenso. Vuelva a introducir la aguja por detrás a través del tejido lo más cerca posible de donde lo sacó, tirando del hilo para sujetar bien el hilo envuelto en la aguja.

Coloque el hilo sobre el tejido siguiendo el dibujo. Utilice una hebra que combine y pásela por encima del hilo; después, vuelva a introducir la aguja lo más cerca posible de donde la ha sacado. Repita la operación a lo largo del hilo para sujetarlo en su sitio. Cuantos más puntos se hagan, más seguro quedará el hilo.

pompones

Los pompones son fáciles de hacer y constituyen un bonito detalle decorativo para gorros, bufandas y cordones.

A los niños les encanta hacerlos. Es una forma fantástica de que se familiaricen con el hilo antes de aprender a tejer.

Para que el pompón no caiga o se deshaga hay que asegurarse de que esté bien sujeto.

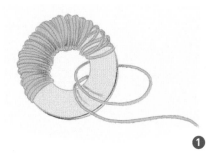

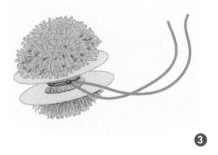

1 Corte dos círculos de cartón idénticos, ligeramente más pequeños que el pompón que necesita. Haga un agujero en el centro de cada cartón y una los dos círculos. Enhebre una aguja de zurcir y pase el hilo por el centro y los bordes exteriores hasta rodear todo el círculo de cartón.

2 Introduzca la punta de las tijeras entre los dos círculos y corte el hilo alrededor de los mismos.

3 Ate un trozo de hilo bien tirante entre los dos círculos. Retire el cartón.

patrones

chaquetaclásica

medidas
Para edades de 0-3 (3-6: 6-9: 9-12) meses
medidas reales
Pecho 42 (46: 50: 54) cm
Largo de hombro 20 (22: 25: 28) cm
Largo de manga 12 (14: 16: 18 cm)

materiales
3 (3: 3: 4:) ovillos de 50 g de Debbie Bliss Baby Cashmerino
Aguja de 3 mm
Aguja de 3 ¼ mm
5 botones pequeños

muestra
25 p y 34 vueltas para un cuadrado de 10 x 10 cm en punto del derecho con agujas de 3 ¼ mm

abreviaturas
Véase pág. 25

espalda
Con agujas de 3 mm, monte 54 (58: 62: 66) p.
Vuelta 1 elástico (del derecho) D2, * r2, d2; rep desde * hasta el final.
Vuelta 2 elástico R2, * d2, r2; rep desde * hasta el final.
Rep las 2 últimas vueltas dos veces más, aum 1(2: 3: 4) p uniformemente en la última vuelta. 55 (60: 65: 70) p.
Cambie a agujas de 3 ¼
Emp con una vuelta d, trabaje en p media hasta que la espalda mida 10 (11: 13: 15) cm desde el principio, termine con una vuelta r.
Sisa
Cierre 4 p al principio de las siguientes 2 vueltas. 47 (52: 57: 62) p.
Deje estos p en una aguja auxiliar.

delantero izquierdo
Con agujas de 3 mm, monte 27 (27: 31: 35) p.
Vuelta 1 elástico (del derecho) D2, * r2, d2; rep desde * hasta los últimos 5 p, r2, d3.
Vuelta 2 elástico R3, * d2, r2, rep. desde * hasta el final.
Rep. las 2 últimas vueltas dos veces más, aum 1 (3: 2: 0) p uniformemente en la última vuelta. 28 (30: 33: 35) p.
Cambie a agujas de 3 ¼ mm.
Emp con una vuelta d, trabaje en p media hasta que el delantero mida 10 (11: 13: 15) cm desde el principio, termine con una vuelta r.
Sisa
Cierre 4 p al principio de la siguiente vuelta. 24 (26: 29: 31) p.
Deje estos p en una aguja auxiliar.

delantero derecho
Con agujas de 3 mm, monte 27 (27: 31: 35) p.
Vuelta 1 elástico (derecho) D3, * r2, d2; rep desde * hasta el final.
Vuelta 2 elástico R2, * d2, r2; rep desde * hasta últimos 5 p, d2, r3.
Rep. las 2 últimas vueltas dos veces más, aum 1 (3: 2: 0) p uniformemente en la última vuelta. 28 (30: 33: 35) p.

Cambie a agujas de 3 ¼ mm.

Emp con una vuelta d, trabaje en p media hasta que el delantero mida 10 (11: 13: 15) cm desde el principio, termine con una vuelta d.

Sisa

Cierre 4 p al principio de la siguiente vuelta. 24 (26: 29: 31) p.

R 1 vuelta.

Deje estos p en una aguja auxiliar.

mangas

Con agujas de 3 mm, monte 34 (38: 38: 42) p.

Vuelta 1 elástico D2, * r2, d2; rep desde * hasta el final.

Vuelta 2 elástico R2, * d2, r2; rep desde * hasta el final.

Rep las últimas 2 vueltas dos veces más, aum 3 (0: 3: 2) p uniformemente en la última vuelta. 37 (38: 41: 44) p.

Cambie a agujas de 3 ¼ mm.

Emp con una vuelta d, trabaje en p de media.

Trabaje 4 vueltas.

Aum D3, c1, d hasta los últimos 3 p, c1, d3.

Trabaje 5 vueltas.

Rep las últimas 6 vueltas hasta tener 45 (50: 55: 60) p.

Cont así hasta que la manga mida 12 (14:16: 18) cm desde el principio, termine con una vuelta p.

Sisa

Cierre 4 p al principio de las siguientes 2 vueltas. 37 (42: 47: 52) p.

Deje estos puntos en una aguja auxiliar.

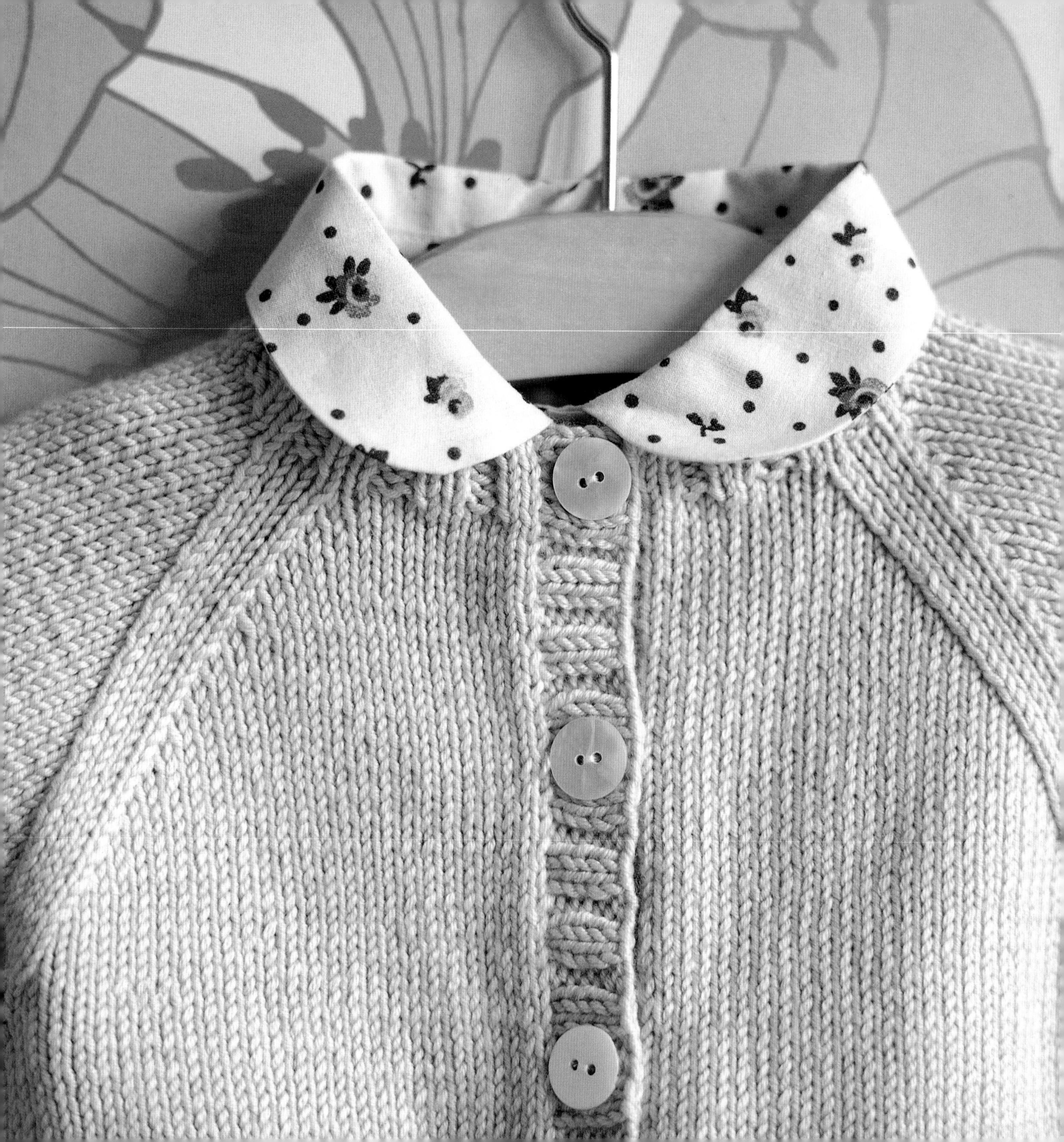

canesú

Con la labor del derecho y agujas de 3 ¼, mm, derecho 24 (26: 29: 31) p desde el delantero derecho, 37 (42: 47: 52) p desde la manga derecha, 47 (52: 57: 62) p desde la espalda, 37 (42: 47: 52) p desde la manga izquierda, 24 (26: 29: 31) p desde el delantero izquierdo. 169 (188: 209: 228) p.

Vuelta sig (revés) R hasta el final.

Vuelta sig D21 (23: 26: 28), d2jun, d2, ppde, d31 (36: 41: 46), d2jun, d2, ppde, d41 (46: 51: 56), d2jun, d2, ppde, d31 (36: 41: 46), d2jun, d2, ppde, d21 (23: 26: 28).

Trabaje 3 vueltas.

Vuelta sig K20 (22: 25: 27), d2jun, de2, ppde, d29 (34: 39: 44), d2jun, d2, ppde, d39 (44: 49: 54), d2jun, d2, ppde, d29 (34: 39: 44), d2jun, d2, ppde, d20 (22: 25: 27).

Vuelta sig R hasta el final.

Vuelta sig D19 (21: 24: 26), d2jun, d2, ppde, d27 (32: 37: 42), d2jun, d2, ppde, d37 (42: 47: 52), d2jun, d2, ppde, d27 (32: 37: 42), d2jun, d2, ppde, d19 (21: 24: 26).

Vuelta sig R hasta el final.

Vuelta sig D18 (20: 23: 25), d2jun, d2, ppde, d25 (30: 35: 40), d2jun, d2, ppde, d35 (40: 45: 50), d2jun, d2, ppde, d25 (30: 35: 40), d2jun, d2, ppde, d18 (20: 23: 25).

Vuelta sig R hasta el final.

Cont de esta forma disminuyendo 8 p en cada vuelta del lado derecho hasta 65 (68: 73: 76) p rest, termine con una vuelta d.

Vuelta sig R hasta el final, disminuya 1 (0: 1: 0) p en el centro de la espalda. 64 (68: 72: 76) p.

Cambie a agujas de 3 mm.

Vuelta 1 elástico (derecho) D3, * r2, d2; rep desde * hasta últimos 5 p, r2, d3.

Vuelta 2 elástico R3, * d2, r2; rep desde * hasta últimos 5 p d2, r3.

Rep las últimas 2 vueltas dos veces más.

Cierre en elástico.

tira botones

Con la labor del derecho y agujas de 3 mm, recoja y d58 (62: 70: 78) p uniformemente a lo largo del borde del delantero izquierdo.

Vuelta 1 elástico R2, * d2, r2; rep. desde * hasta el final.

Vuelta 2 elástico D2, * r2, d2, rep. desde * hasta el final.

Rep las últimas 2 vueltas una vez más y la primera vuelta.

Cierre en elástico.

tira ojales

Con la labor del derecho y agujas de 3 mm, remonte y d58 (62: 70: 78) p uniformemente a lo largo del borde del delantero derecho.

Vuelta 1 elástico (revés) R2, * d2, r2; rep. desde * hasta el final.

Vuelta 2 elástico D2, * r2, d2; rep. desde * hasta el final.

Tira de ojales (revés) elástico 2, (elástico 2jun, past, elástico 11 (12: 14: 16) 4 veces, d2jun, past, r2.

Elástico 2 vueltas más.

Cierre en elástico.

confección

Una y cosa las mangas. Cosa las costuras bajo el brazo. Cosa los botones.

tamaño

Aproximadamente 45 x 71 cm

materiales

1 ovillo de 50 g de Debbie Bliss Baby Cashmerino en gris (A)
2 ovillos de 50 g de Debbie Bliss Baby Cashmerino en melocotón claro (B), plata (C) y color crudo (D)
Agujas de 3 ¼ mm
1 aguja circular de 3 ¼ mm

muestra

25 p y 50 vueltas para un cuadrado de 10 x 10 cm en punto bobo con agujas de 3 ¼ mm

abreviaturas

Véase pág. 25

manta de rayas

nota

Al trabajar el patrón de rayas en B, C y D, no corte el hilo, deje en el lado los colores que no se utilizan, con cuidado de no tensar demasiado o la manta quedará deformada.

manta

Monte 107 p con agujas de 3 ¼ mm y A.
D 4 vueltas.
Corte el hilo.
Cont en p bobo y trabaje en secuencias de rayas de la siguiente forma: 2 vueltas C, 2 vueltas B, 2 vueltas D.
Las últimas 6 vueltas forman el dibujo a rayas que se repite en toda la manta.
Cont en patrón hasta que la labor mida 70 cm desde el borde.
Cambie a A y 4 vueltas d.
Cierre.

borde

Con una aguja circular de 3 ¼ mm y A, recoja y d117 p a lo largo del lateral de la manta y 4 vueltas d.
Cierre.
Repita en el otro lateral.

ratoncito de rayas

tamaño

Aproximadamente 18 cm de altura

materiales

Ratoncito 1 ovillo de 50 g de Debbie Bliss Baby Cashmerino en gris (A) y restos de lana en melocotón pálido (B)
2 agujas de 2 ¾ mm
Restos de hilo de bordar para los ojos, el hocico y los bigotes
Relleno de juguetes lavable
Vestido Restos de lana Debbie Bliss Baby Cashmerino en gris (A), melocotón pálido (B), plata (C) y color crudo (D)
2 agujas de 3 ¼ mm
1 botón pequeño

muestra

25 p y 40 vueltas para un cuadrado de 10 x 10 cm en punto bobo con agujas de 2 ¾ mm

abreviaturas

Dddd = derecho delante, detrás y delante del siguiente punto
Desld2junde = deslice d2jun, pase los puntos deslizados por encima del punto

nota

Utilice relleno de juguetes lavable que no sea inflamable (de combustión lenta) ni tóxico y que se adecúe a las normas de seguridad de la Unión Europea (BS5852, BS1425, EN71, PT2).

cuerpo

Con agujas de 2 ¼ mm y A, monte 9 p y una vuelta del revés.
Vuelta sig (derecho) [Ddd] 4 veces, dddd; [Ddd] 4 veces. **19 p.**
R 1 vuelta.
Vuelta sig D5, c1, d1, c1, d8, c1, d1, c1, d4. **23 p.**
R 1 vuelta.
Vuelta sig D6, c1, d1, c1, [d5, c1] 2 veces, d1, c1, d5. **28 p.**
R 1 vuelta.
Vuelta sig D14, c1, d1, c1, d13. **30 p.**
Emp con una vuelta r, trabaje 17 vueltas en p. media.
Vuelta sig D5, d2jun, d1, des1d, d3, des1d, d1, d2junt, d3, d2junt, d1, des1d, d4. **24 p.**
R 1 vuelta.
Vuelta sig D4, d2junt, d1, desl1d, d2, desl1d, d3, d2junt, d1, desl1d, d3. **19 p.**
R 1 vuelta.
Vuelta sig D3, d2junt, d1, desl1d, d4, d2junt, d1, desl1d, d2. **15 p.**
R 1 vuelta
Vuelta sig D2, d2jun, d1, desl1d, d2, d2junt, d1, desl1d, d1. **11 p.**
R 1 vuelta.
Cierre.
Pase un hilo por el borde del remate, tire de él y una la costura trasera. Deje un agujero.
Rellene y cierre el agujero.

cabeza

Con agujas de 2 ¾ y A, monte 4 p y una vuelta r.
Vuelta sig [Ddd] 3 veces, d1. **7 p.**
R 1 vuelta.
Vuelta sig D1 [c1, d2, c1, d1] hasta el final. **11 p.**
Emp con una vuelta r, trabaje 3 vueltas en p media
Vuelta sig D1, [c1, d3] 3 veces, c1, d1
R 1 vuelta.
Vuelta sig D1, c1, d hasta el último p, c1, d1.
Vuelta sig R1, c1, r hasta el último p, c1, r1.
Vuelta sig D1, [c1, d3] dos veces, c1, d5, [c1, d3] dos veces, c1, d1. **25 p.**
Señale los extremos de la última vuelta.
Emp con una vuelta r, trabaje 6 vueltas.
Vuelta sig R4, r2junt, r3, rjunt prbu, r4.
Vuelta sig D14, desl1d, dé la vuelta.
Vuelta sig Des 1, r5, r2junt, dé la vuelta.
Vuelta sig Des 1, d5, desl1d, dé la vuelta.
Rep las 2 últimas vueltas 6 veces más.
Cierre al revés y trabaje los 2 últimos p jun.
Cosa la costura desde el punto del hocico hasta las señales. Rellene la cabeza.

orejas exteriores
(para 2)

Con agujas de 2 ¾ mm y A, monte 7 p.
Emp con una vuelta d, trabaje 4 vueltas en p media.
Vuelta sig desl1d, d3, d2jun.
R 1 vuelta.
Vuelta sig desl1d, d1, d2jun.
Vuelta sig R3jun y remate.

orejas interiores
(para 2)

Con agujas de 2 ¾ mm y B, monte 6 p.
Empiece con una vuelta d, trabaje 3 vueltas en p media.
Vuelta sig R2jun, r2, r2jun prbu.
Vuelta sig desl1d, d2jun.
Vuelta sig R3jun y remate.

brazos
(para 2)

Con agujas de 2 ¾ mm y A, monte 4 p y una vuelta r.
Vuelta sig [Ddd] 3 veces, d1. **7 p.**
R 1 vuelta.
Vuelta sig [D1, c1, d2, c1] dos veces, d1. **11 p.**
Emp con una vuelta r, trabaje 3 vueltas en p media.
Vuelta sig D3, desl1d, d1, d2jun, d3. **9 p.**
Emp con una vuelta r, trabaje 13 vueltas en p media.
Señale los extremos de la última vuelta.
Vuelta sig D 1, desl1d, d3, d2jun, d1. **7 p.**
R 1 vuelta.
Vuelta sig D1, desl1d, d1, d2jun, d1. **5 p.**
R 1 vuelta.
Vuelta sig D1, desl2junde, d1. **3 p.**
1 vuelta al revés.
Vuelta sig desl2junde, **1 p.**
Remate.
Una la costura del brazo desde el borde montado hasta las señales y rellene.

patas
(para 2)

Con agujas de 2 ¾ mm y A, monte 8 p y 1 vuelta r.
Vuelta sig (derecho) [Ddd] 7 veces, d1. **15 p.**
R 1 vuelta.
Vuelta sig D1, c1, d4, [c1, d1] 6 veces, d3, c1, d1. **23 p.**
Emp con una vuelta r, trabaje 3 vueltas en p media.
Vuelta sig D9, d2jun, d1, desl1d, d9. **21 p.**
R 1 vuelta.
Vuelta sig D8, d2jun, d1, desl1d, d8. **19 p.**
Vuelta sig R7, r2jun, prbu, r2jun, r7. **17 p.**
Vuelta sig D7, desld2junde, d7. **15 p.**
R 1 vuelta.
Vuelta sig D5, desl1d, d1, d2jun, d5. **13 p.**
Emp con 1 vuelta r, trabaje 23 vueltas en p media.

Vuelta sig D1 [desl1d] 2 veces, d3, [d2jun] 2 veces, d1. 9 p.

R 1 vuelta.

Vuelta sig D1, desl1d, d3, d2jun, d1. 7 p.

Vuelta sig R1, r2jun, r1, r2jun prbu, r1.

Corte el hilo, introduzca a través de 5 p rest y remate.

Una la costura de la pata y deje un agujero para rellenar. Rellene la pata, cosa el agujero con una costura.

cola

Con agujas de 2 ¾ mm y A, monte 25 p.

Cierre.

para acabar

Una la oreja exterior y la interior y cósalas a la cabeza. Con hilo de bordar, haga los ojos, el hocico y los bigotes. Cosa la cabeza al tronco, frunciendo ligeramente alrededor del borde del cuello.

Cosa los brazos alrededor del borde abierto. Cosa las patas y la cola.

vestido

Con agujas de 3 ¼ y A, monte 48 p.

D 1 vuelta.

* Cambie a C y d 2 vueltas.

Cambie a B y d 2 vueltas.

Cambie a D y d 2 vueltas.

Rep a partir de * 3 veces más.

Cambie a C y trabaje como se indica a continuación:

Vuelta sig (derecho) D10, [d2jun] 14 veces, d10. 34 p.

Divida para el canesú delantero y trasero

Vuelta sig (revés) D6 (para espalda derecha), cierre 4 p (para la sisa), con 1 p en aguja después de cerrar, d sig 13 p (para delantero), cierre 4 p (para sisa), d hasta el final (para espalda izquierda).

Cambie a B y trabaje como se indica a continuación:

En el primer grupo de 6 p (espalda izquierda), d 13 vueltas.

Cierre del derecho.

Por el derecho, una B a 14 p del delantero, d 13 vueltas.

Cierre del derecho.

Por el derecho, una B a 6 p de espalda derecha, d 13 vueltas.

Cierre del derecho y deje una hebra larga de hilo.

Con la hebra de hilo, haga una pequeña presilla en el borde de la espalda derecha.

Una la costura de la espalda desde el principio hasta el comienzo del canesú.

Cosa el botón en la espalda izquierda.

boleroparabebé

medidas

Para edades de 3–6 (6–9: 9–12: 12-18: 18-24) meses

medidas reales

Pecho 51 (55: 60: 64: 69) cm

Largo de hombro 24 (27: 29: 31: 33) cm

Largo de manga 13 (15: 17: 20: 22) cm

materiales

2 (3: 3: 4: 4) ovillos de 50 g de Debbie Bliss Cashmerino Aran en rosa claro

Aguja circular de 5 mm

Aguja circular de 4 ½ mm

muestra

18 p y 24 vueltas para un cuadrado de 10 x 10 cm en punto derecho con agujas de 5 mm

abreviaturas

Véase pág. 25

Trabaje en una pieza.

Con agujas de 5 mm, monte 8 p

R 1 vuelta.

Empiece con una vuelta en d, trabaje en p de media.

Monte 10 (11: 12: 13: 14) p al principio de las siguientes 4 vueltas. 48 (52: 56: 60: 64) p.

Empiece con una vuelta en d; trabaje 20 (24: 26: 30: 32) vueltas en p de media.

Cambie a la aguja circular de 5 mm.

Mangas

Monte 5 (6: 7: 8: 9) p al principio de las siguientes 8 vueltas. 88 (100: 112: 124: 136) p.

Trabaje 18 (22: 24: 26: 28) vueltas.

División para delanteros

Vuelta sig D36 (41: 47: 52: 58) p, deje estos p en una aguja auxiliar y cierre los siguientes 16 (18: 18: 20: 20) p, d hasta el final.

Cont en la última serie de 36 (41: 47: 52: 58) p para el delantero izquierdo.

Trabaje 5 (5: 7: 5: 7) vueltas, acabe en el borde delantero.

Vuelta sig (derecho) D3, laz, d hasta el final.

Trabaje 3 vueltas.

Repita las últimas 4 vueltas 2 (3: 3: 4: 4) veces más, y la vuelta de aum una vez más. 40 (46: 52: 58: 64) p.

Manga

Cierre 5 (6: 7: 8: 9) p al principio de la siguiente vuelta y de las siguientes 3 vueltas alternas. 20 (22: 24: 26: 28) p.

Trabaje 8 (10: 10: 12: 12) vueltas.

Delantero

Vuelta sig (derecho) D1, ppde, d hasta el final.

Vuelta sig R hasta el final.

Repita las últimas 2 vueltas 1 (2: 3: 4: 5) veces más.

Vuelta sig Cierre 2 p, d hasta el final.

Vuelta sig R hasta el final.

Vuelta sig Cierre 3 p, d hasta el final.

Vuelta sig R hasta el final.

Vuelta sig Cierre 4 p, d hasta el final.

Vuelta sig R hasta el final.

Vuelta sig Cierre 5 p, d hasta el final.

Vuelta sig R hasta el final.

Deje rest 4 (5: 6: 7: 8) p a la espera.

Delantero derecho

Por el revés, una hilos a rest 36 (41: 47: 52: 58) p en aguja auxiliar, r hasta el final.

Trabaje 4 (4: 6: 4: 6) vueltas y acabe en el borde.

Vuelta sig (derecho) D en los últimos 3 p, laz, d3.

Trabaje 3 vueltas.

Rep las últimas 4 vueltas 2 (3: 3: 4: 4) veces más, y la vuelta de aumento una vez más. 40 (46: 52: 58: 64) p.

Trabaje 1 vuelta, para acabar al final de las mangas.

Manga

Cierre 5 (6: 7: 8: 9) p al principio de la siguiente vuelta y de las siguientes 3 vueltas alternas. 20 (22: 24: 26: 28) p.

Trabaje 7 (9: 9: 11: 11) vueltas.

Delantero

Vuelta sig (derecho) D en los últimos 3 p, d2jun, d1.

Vuelta sig R hasta el final.

Repita las últimas 2 vueltas 1 (2: 3: 4: 5) veces más.

Vuelta sig D hasta el final.

Vuelta sig Cierre 2 p, r hasta el final.

Vuelta sig D hasta el final.

Vuelta sig Cierre 3 p, r hasta el final.

Vuelta sig D hasta el final.

Vuelta sig Cierre 4 p, r hasta el final.

Vuelta sig D hasta el final.

Vuelta sig Cierre 5 p, r hasta el final.

Deje rest 4 (5: 6: 7: 8) p en espera.

borde delantero

Por el derecho de la parte inferior del delantero derecho y con la aguja circular de 4 ½ mm, d4 (5: 6: 7: 8) p desde los puntos en espera, remonte y d22 (24: 26: 28: 30) p en curva uniforme hasta la parte superior de la labor, 11 (11: 13: 13: 15) p a lo largo del borde, siga 16 (18: 20: 22: 24) p hasta el hombro, 24 (26: 28: 30: 32) p desde el escote posterior, 16 (18: 20: 22: 24) p bajando por el delantero izquierdo hasta el principio del escote, 11 (11: 13: 13: 15) p a lo largo del borde, y d22 (24: 26: 28: 30) p en curva uniforme, siga d4 (5: 6: 7: 8) p desde los puntos en espera. 130 (142: 158: 170: 186) p.

Vuelta 1 R2, * d2, r2; rep desde * hasta el final.

Vuelta 2 D2, * r2, d2; rep desde * hasta el final.

Rep las últimas 2 vueltas una vez más y la primera otra vez.

Cierre en elástico.

borde inferior de la espalda

Por el derecho y con agujas de 4 ½ mm, remonte y d54 (58: 62: 66: 70) p a lo largo de la parte baja del borde inferior de la espalda.

Trabaje 5 vueltas en elástico como para el borde delantero.

Cierre en elástico.

puños

Por el derecho y con agujas de 4 ½ mm, remonte y d30 (34: 42: 46: 50) p a lo largo de la parte baja del borde inferior de las mangas.

Trabaje 5 vueltas en elástico como para el borde delantero.

Cierre en elástico.

confección

Una y cosa las mangas.

chaqueta cruzada con capucha

medidas

Para edades 0-3 (3-6: 6-9: 9-12) meses

medidas reales

Pecho 48 (52: 57: 61) cm

Largo de hombro 21 (24: 26: 28) cm

Largo de manga (con el puño doblado) 13 (15: 17: 19) cm

materiales

6 (6: 7: 8) ovillos de 50 g de Debbie Bliss Rialto DK en gris

2 agujas de 3 ¼ mm y 2 de 4 mm

4 botones

muestra

22 p y 48 vueltas para un cuadrado de 10 x 10 cm en punto bobo con agujas de 4 mm

abreviaturas

Véase pág. 25

espalda

Con agujas de 4 mm, monte 53 (57: 63: 67) p.

Trabaje en p bobo (derecho todas las vueltas) hasta que la espalda mida 12 (14: 15: 16) cm desde el principio, termine con una vuelta del revés.

Sisas

Cierre 4 p al principio de las sig 2 vueltas. 45 (49: 55: 59) p.

Cont así hasta que la espalda mida 21 (24: 26: 28) com desde el principio, termine con una vuelta del revés.

Hombros

Cierre 11 (12: 14: 15) p al principio sig 2 vueltas.

Cierre rest 23 (25: 27: 29) p

bolsillos
(para 2)

Con agujas de 4 mm, monte 12 (13: 15: 16) p

D b28 (30: 32: 34) vueltas.

Deje estos p en espera.

delantero izquierdo

Con agujas de 4 mm, monte 38 (41: 45: 48) p.

D 27 (29: 31: 33) vueltas.

Colocación del bolsillo

Vuelta sig (derecho) D3, cierre sig 12 (13: 15: 16) p, d hasta el final.

Vuelta sig D23 (25: 27: 29), d a través de p del primer bolsillo, d3.

Cont en p bobo hasta que el delantero mida 12 (14: 15: 16) cm desde el principio, termine con una vuelta del revés.

Sisa

Cierre 4 p al principio de la sig vuelta. 34 (37: 41: 44) p.

Cont así hasta que el delantero mida lo mismo que de la espalda al hombro, termine en el borde de la sisa.

Hombro

Vuelta sig cierre 11 (12: 14: 15) p, d hasta el final.

D 1 vuelta.

Deje rest 23 (25: 27: 29) p en una aguja auxiliar.

delantero derecho

Con agujas de 4 mm, monte 38 (41: 45: 48) p.

D 27 (29: 31: 33) vueltas.

Colocación del bolsillo

Vuelta sig D23 (25: 27: 29), cierre sig 12 (13: 15: 16) p, d hasta el final.

Vuelta sig D3, d a través p del segundo bolsillo, d hasta el final.

Cont en p bobo hasta que el delantero mida 8 (9: 9: 9) cm desde el principio, termine con una vuelta del revés.

Vuelta de ojales D3, hd, d2jun, d13 (15: 17: 19), d2jun, hd, d hasta el final.

Cont en p bobo hasta que el delantero mida 12 (14: 15: 16) cm desde el principio, termine con una vuelta del derecho.

Sisa

Cierre 4 p al principio de la siguiente vuelta. 34 (37: 41: 44) p.

Cont así hasta que el delantero mida 13 (15: 16: 17) cm desde el principio, termine con una vuelta del revés.

Hilera de ojales D3, hd, d2jun, d13 (15: 17: 19), d2jun, hd, d hasta el final.

Cont así hasta que el delantero mida lo mismo que de la espalda al hombro, termine en el borde de la sisa.

Hombro

Vuelta sig Cierre 11 (12: 14: 15) p, d hasta el final. 23 (25: 27: 29) p.

No corte el hilo, deje p en la aguja.

capucha

Una las costuras del hombro.

Vuelta sig (derecho) D23 (25: 27: 29) p desde el delantero derecho, monte 34 (37: 40: 44) p, d23 (25: 27: 29) p desde el delantero izquierdo. 80 (87: 94: 102) p.

Cont en p bobo hasta que la capucha mida 18 (20: 22: 24) cm, termine con una vuelta del revés.

Cierre.

mangas

Con agujas de 4 mm, monte 29 (31: 33: 35) p.

D13 (13: 17: 17) vueltas.

Cambie a agujas de 3 ¼ mm.

D12 (12: 16: 16) vueltas.

Cambie a agujas de 4 mm.

Aum y trabaje en p bobo 1 p en cada extremo de la sig vuelta y de las sig 8 vueltas hasta tener 41 (45: 49: 53) p.

Cont así hasta que la manga mida 17 (19: 22: 24) cm desde el principio, termine con 1 vuelta del revés.

Señale los bordes de la última vuelta con un hilo de color.

Trabaje 8 vueltas más.

Cierre.

confección

Doble la capucha por la mitad y una la costura superior. Frunza, una el borde de la capucha a los p cerrados del escote posterior. Empareje el centro del borde de la manga con el hombro, cosa las mangas en las sisas, con remates en las marcas de color cosidos a los p cerrados bajo el brazo. Una la costura lateral y de la manga. Cosa los bolsillos. Cosa los botones.

medidas
Para edades de 0-3 (3-6: 6-9: 9-12) meses
medidas reales
Pecho 45 (50: 53: 58) cm.
Largo de hombro 21 (24: 26: 28) cm

materiales
2 (2: 3: 3) ovillos de 50 g de Debbie Bliss Baby Cashmerino en lino
2 agujas de 3 mm y 2 de 3 ¼ mm
Aguja circular de 3 mm
Un botoncito

muestra
25 p y 34 vueltas para un cuadrado de 10 x 10 cm en punto de media con agujas de 3 ¼ mm.

abreviaturas
Véase pág. 25

chaleco

Con agujas de 3 ¼ mm, monte 59 (65: 68: 74) p.

Vuelta 1 (derecho) D2, * r1, d2, rep desde * hasta el final.

Vuelta 2 R.

Rep las 2 últimas vueltas 2 veces más.

Trabaje en el patrón del siguiente modo:

Vuelta 1 (derecho) D2 (5: 2: 5), * r1, d8, repita desde * hasta últimos 6 p, r1, d2 (5: 2: 5).

Vuelta 2 R.

Estas 2 vueltas forman el patrón y se repiten.

Cont según patrón hasta que la espalda mida 11 (13: 14: 15) cm desde el principio, termine con una vuelta del revés.

Sisa

Cierre 3 (4: 4: 5) p al principio de sig 2 vueltas. 53 (57: 60: 64) p.

Dis 1 p en cada extremo de la sig vuelta y 3 (3: 4: 4) en las sig vueltas alternas. 45 (49: 50: 54) p. **

Cont según patrón hasta que la espalda mida 15 (17: 19: 22) cm desde el principio, termine con una vuelta del revés.

Abertura de la espalda

Vuelta 1 (derecho) Patrón 22 (24: 25: 27) p, dé la vuelta y trabaje en estos p sólo la primera parte del cuello, deje p rest en una aguja auxiliar.

Vuelta 2 Monte 2 p, después trabaje d2, r hasta el final. 24 (26: 27: 29) p.

Vuelta sig Patrón hasta últimos 2 p, d2.

Vuelta sig D2, r hasta el final.

Rep las 2 últimas vueltas hasta que la espalda mida 19 (22: 24: 26) cm desde el principio, termine con una vuelta del revés.

Cuello

Vuelta sig D15 (16: 17: 18) p, dé la vuelta, deje 9 (10: 10: 11) p rest en una aguja auxiliar.

Vuelta sig R1, r2jun, r hasta el final.

Vuelta sig Patrón hasta últimos 3 p, d2jun, d1.

Rep las últimas 2 vueltas 1 vez más. 11 (12: 13: 14) p.

Trabaje 3 vueltas según patrón.

Cierre para el hombro.

Por el derecho, una hilo a p en aguja auxiliar, d2, siga patrón hasta el final.

Vuelta sig R hasta los 2 últimos p, d2.

Vuelta sig siga patrón hasta el final.

Rep las 2 últimas vueltas hasta que la espalda mida 19 (22: 24: 26) cm desde el principio, termine con una vuelta del derecho.

Cuello

Vuelta sig R12 (13: 14: 15) p, r2jun prbu, r1, dé la vuelta, deje 8 (9: 8: 9) p rest en una aguja auxiliar.

Vuelta sig D1, ppde, siga patrón hasta el final.

Vuelta sig R hasta últimos 3 p, r2jun prbu, r1.

Vuelta sig D1, ppde, siga el patrón hasta el final. 11 (12: 13: 14) p.

Trabaje 3 vueltas según patrón.

Cierre para el hombro.

delantero

Trabaje como se ha indicado en Espalda **.
Cont según patrón hasta que el delantero mida 15 (18: 20: 22) cm desde el principio,
termine con una vuelta del revés.

Cuello

Vuelta sig D18 (20: 20: 22) p, dé la vuelta y trabaje estos p sólo para la primera parte del cuello delantero,
deje los rest p en una aguja auxiliar.

Vuelta sig Cierre 2 p, r hasta el final.

Patrón 1 vuelta.

Rep las últimas 2 vueltas una vez más. 14 (16: 16: 18) **p.**

Vuelta sig R1, r2jun, r hasta el final.

Patrón 1 vuelta.

Rep las 2 últimas vueltas 2 (3: 2: 3) veces más. 11 (12: 13: 14) p.

Trabaje así hasta que el delantero mida lo mismo que la espalda, termine con una vuelta r.

Cierre para el hombro.

Del derecho, deslice 9 (9: 10: 10) p centro en espera, una hilo a los rest p en la aguja auxiliar, patrón hasta el final.

Vuelta sig R.

Vuelta sig Cierre 2 p, patrón hasta el final.

Rep las 2 últimas vueltas 1 vez más. 14 (16: 16: 18) p.

Vuelta sig R hasta últimos 3 p, r2jun prbu, r1.

Patrón 1 vuelta.

Rep las últimas 2 vueltas 2 (3: 2: 3) veces más. 11 (12: 13: 14) p.

Trabaje así hasta que el delantero mida lo mismo que la espalda, termine con una vuelta r.

Cierre para el hombro.

tira del cuello

Una las costuras del hombro.

Del derecho y con una aguja circular de 3 mm, deslice 8 (9: 8: 9) p de la espalda izquierda a la aguja, recoja y d8 (8: 9: 9) p, suba por izquierda del cuello de la espalda, 21 p baje por la izquierda del cuello delantero, d a través 9 (9: 10: 10) p del cuello delantero en espera, recoja y d21 suba por la derecha del cuello delantero, 8 p baje por la derecha del cuello de la espalda, trabaje r7 (8: 8: 9), d2 desde la aguja auxiliar del cuello de la espalda. 84 (86: 87: 89) p.

Sólo tallas 1 y 3

Vuelta 1 (revés) D2, r1, * d1, r2; rep desde * hasta los últimos 3 p, d3.

Vuelta 2 (vuelta ojal) D1, hsa, r2jun, * d2, r1; rep desde * hasta los últimos 3 p, d3.

Vuelta 3 D2, r1, * d1, r2; rep desde * hasta los últimos 3 p, d3.

Vuelta 4 D2, (r1: d2) 4 veces, r1, (d2jun, r1, d2, r1) 4 veces, d2jun, r1, d0 (-: 2: -), r0 (-: 1: -), d2jun, (r1, d2, r1, d2jun) 4 veces, (r1, d2) 5 veces, d1.

Cierre del derecho.

Sólo tallas 2 y 4

Vuelta 1 (revés) D2, r2, * d2, p2; rep desde * hasta los últimos 4 p, d1, r1, d2.

Vuelta 2 (vuelta ojal) D1, hd, d2jun, * r1, d2; rep desde * hasta los últimos 2 p, d2.

Vuelta 3 D2, r2, * d1, r2; rep desde * hasta los últimos 4 p, d1, r1, d2.

Vuelta 4 D3, (r1, d2) 4 veces, (d2jun, r1, d2, r1) 4 veces, d2jun, r1, d-(0: -: 2), r- (0: -: 1), d2jun, (r1, d2, r1, d2jun) 4 veces, (r1, d2) 5 veces, d2.

Cierre del derecho.

tiras de la sisa

Del derecho y con agujas de 3 mm, recoja y d65 (71: 77: 83) p alrededor del borde de la sisa.

Vuelta 1 (revés) R5, (d1, r2) hasta los últimos 6 p, d1, r5.

Vuelta 2 D5, * r1, d2; rep desde * hasta los últimos 6 p, r1, d5.

Vuelta 3 como la vuelta 1.

Sólo tallas 1 y 3

Vuelta 4 D5, (r1, d2jun, r1, d2) 4 (-: 5: -) veces, r1, (d2jun, r1) 2 veces, (d2, r1, d2jun, r1) 4 (-: 5: -) veces, d5. 55 (-: 65: -) p.

Sólo tallas 2 y 4

Vuelta 4 D5, (r1, d2, r1, d2jun) – (5. -: 6) veces, r1, (d2jun, r1, d2, r1) – (5: -: 6) veces, d5. –(61: -: 71) p.

Todas las tallas

Cierre del derecho.

confección

Una las costuras laterales y las tiras de la sisa. Cosa el extremo inferior de la tira izquierda del botón detrás de la tira del ojal. Cosa el botón.

jersey
con trenzas

medidas

Para edades de 3–6 (6–9: 9–12: 12-18: 18-24) meses

medidas reales

Pecho 50 (57: 61: 68: 73) cm

Largo de hombro 26 (28: 30: 33: 36) cm

Largo de manga 16 (18: 20: 22: 24) cm

materiales

4 (4: 5: 5: 6) ovillos de 50 g de Debbie Bliss Baby Cashmerino en azul pálido (CP) y un ovillo de 50 g en crudo (CC)

Agujas de 3 mm y 3 ¼ mm. Aguja de trenza auxiliar

muestra

25 p y 34 vueltas para un cuadrado de 10 x 10 cm en punto de media con agujas de 3 ¼ mm

abreviaturas

A4a = deslice los dos puntos siguientes a la aguja auxiliar por delante de la labor, d2, luego d2 desde la aguja auxiliar.

Rec1r = recoja 1 punto y teja del revés detrás de la lazada entre ese último punto y el siguiente.

Véase pág. 25

espalda

Con agujas de 3 mm y CC, monte 74 (82: 90: 98: 106) p.

Vuelta 1 (derecho) D2, * r2, d2; rep desde * hasta el final.

Vuelta 2 R2, * d2, r2; rep desde * hasta el final.

Cambie a CP.

Elástico 4 vueltas más.

Cambie a CC.

Elástico 2 vueltas.

Cambie a CP.

Elástico 1 vuelta.

Aum (del revés) R2, d2 (0: 2: 0: 2), r2 (0: 2: 0: 2), * d2, rec1r, r2, rec1r, d2, r2; rep desde * hasta últimos 4 (0: 4: 0: 4) p, d2 (0: 2: 0: 2), r2 (0: 2: 0: 2). 90 (102: 110: 122: 130) p.

Cambie a agujas de 3 ¼ mm.

Trabaje en el patrón del siguiente modo:

Vuelta 1 D2, r2 (0: 2: 0: 2), d2 (0: 2: 0: 2), * r2, d4, r2, d2; rep desde * hasta últimos 4 (0: 4: 0: 4) p, r2 (0: 2: 0: 2), d2 (0: 2: 0: 2).

Vuelta 2 R2, d2 (0: 2: 0: 2), r2 (0: 2: 0: 2), * d2, r4, d2, r2; rep desde * hasta últimos 4 (0: 4: 0: 4) p, d2 (0: 2: 0: 2), r2 (0: 2: 0: 2).

Vuelta 3 D2, r2 (0: 2: 0: 2), d2 (0: 2: 0: 2), * r2, a4a, r2, d2; rep desde * hasta últimos 4 (0: 4: 0: 4) p, r2 (0: 2: 0: 2), d2 (0: 2: 0: 2).

Vuelta 4 Como vuelta 2.

Vuelta 5 D2, r2 (0: 2: 0: 2), d2 (0: 2: 0: 2), * r2, d4, r2, d2; rep desde * hasta últimos 4 (0: 4: 0: 4) p, r2 (0: 2: 0: 2), d2 (0: 2: 0: 2).

Vuelta 6 Como vuelta 2.

Estas 6 vueltas forman el patrón.

Cont según el patrón hasta que la espalda mida 15 (16: 17: 19: 21) cm desde el principio, acabe con una vuelta en el revés.

Sisas

Cierre 3 p al principio de las siguientes 2 vueltas. 84 (96: 104: 116: 124) p.**

Cont según el patrón hasta que la espalda mida 26 (28: 30: 33: 36) cm desde el principio, acabe con una vuelta en el revés.

Hombros

Cierre 13 (15: 16: 18: 19) p al principio de las siguientes 4 vueltas. Deje rest 32 (36: 40: 44: 48) p en espera.

delantero

Trabaje como para la espalda hasta **.

Cuello delantero

Vuelta sig (por el derecho) Patrón 39 (45: 49: 55: 59) p, d2jun, dé la vuelta y trabaje en estos puntos para el primer lado del cuello delantero.

Vuelta sig Patrón hasta el final.

Vuelta sig Patrón hasta últimos 2 p, d2jun.

Repita las últimas 2 vueltas hasta 26 (30: 32: 36: 38) p rest.

Cont hasta que el delantero tenga las mismas medidas que la espalda, acabe en el borde de la sisa.

Hombro

Cierre 13 (15: 16: 18: 19) p al principio de la siguiente vuelta. Trabaje 1 vuelta.

Cierre rest 13 (15: 16: 18: 19) p.

Por el derecho, desl 2 p centrales a un imperdible, una a rest p, ppde, patrón hasta el final.

Vuelta sig Patrón hasta el final.

Vuelta sig Ppde, patrón hasta el final.

Rep las últimas 2 vueltas hasta 26 (30: 32: 36: 38) p rest.

Cont hasta que el delantero tenga las mismas medidas que la espalda, acabe en el borde de la sisa.

Hombro

Cierre 13 (15: 16: 18: 19) p al principio de la siguiente vuelta. Trabaje 1 vuelta.

Cierre rest 13 (15: 16: 18: 19) p.

mangas

Con agujas de 3 mm y CC, monte 34 (42: 42: 50: 50) p.

Vuelta 1 (derecho) D2, * r2, d2; rep desde * hasta el final.

Vuelta 2 R2, * d2, r2; rep desde * hasta el final.

Cambie a CP.

Elástico 4 vueltas.

Cambie a CC.

Elástico 2 vueltas.

Cambie a CP.

Elástico 1 vuelta.

Aum (por el revés) R2, * d2, rec1r, r2, rec1r, d2, r2; rep desde * hasta el final. 42 (52: 52: 62: 62) p.

Cambie a agujas de 3 ¼ mm.

Trabaje en el patrón del siguiente modo:

Vuelta 1 (del derecho) D2, * r2, d4, r2, d2; rep desde * hasta el final.

Vuelta 2 R2, * d2, r4, d2, r2; rep desde * hasta el final.

Vuelta 3 D2, * r2, a4a, r2, d2; rep desde * hasta el final.

Vuelta 4 Como vuelta 2.

Vuelta 5 D2, * r2, d4, r2, d2; rep desde * hasta el final.

Vuelta 6 Como vuelta 2.

Estas 6 vueltas forman el patrón.

Aum y trabaje en patrón 1 p en cada extremo de las sig (3, sig, 5 sig) vueltas y las sig 3 (4: 3: 3: 3)

vueltas hasta tener 62 (72: 82: 92: 102) p.

Cont así hasta que la manga mida 16 (18: 20: 22: 24) cm desde el principio, termine con una vuelta del revés.

Marque los extremos de la última vuelta con un hilo de color.

Trabaje 4 vueltas.

Cierre.

tira del cuello

Una costuras hombro derecho.

Por el derecho, con agujas de 3 mm y CP, recoja y d40 (43: 45: 47: 49) p de forma uniforme, baje por la izquierda del cuello delantero, d2 desde el imperdible, recoja y d 38 (41: 43: 45: 47) p de manera uniforme suba por la derecha del cuello delantero, d0 (0: 0: 0: 1), r0 (0: 0: 1: 2), d0 (0: 1: 2: 2), r0 (1: 2: 2: 2), d1 (0: 0: 0: 0), (d2jun) 1 (2: 2: 2: 2) veces, r2, d2, r2, (d2jun) 2 veces, r2, d2, r2, (d2jun) 2 veces, r2, d2, r2, (d2jun) 1 (2: 2: 2: 2) veces, d1 (0: 0: 0: 0), r0 (1: 2: 2: 2), d0 (0: 1: 2: 2), r0 (0: 0: 1: 2), d0 (0: 0: 0: 1) por detrás de los p del cuello.

106 (114: 122: 130: 138) p.

Cambie a CC.

Sólo en tamaño más pequeño

Vuelta 1 R2, * d2, r2; rep desde * hasta el final.

Sólo tamaños 2 y 4

Vuelta 1 D1, * r2, d2; rep desde * hasta último p, r1.

Sólo tamaños 3 y 5

Vuelta 1 R1, * d2, r2; rep desde * hasta último p, d1.

Todos los tamaños

Esta vuelta establece el patrón del elástico.

Vuelta 2 Elástico 39 (42: 44: 46: 48), d2jun, ppde, elástico hasta el final.

Cambie a CP.

Vuelta 3 Elástico hasta el final.

Vuelta 4 Elástico 38 (41: 43: 45: 47), d2jun, ppde, elástico hasta el final.

Cambie a CC.

Vuelta 5 Elástico hasta el final.

Vuelta 6 Elástico 37 (40: 42: 44: 46), d2jun, ppde, elástico hasta el final.

Vuelta 7 Elástico hasta el final.

Vuelta 8 Elástico 36 (39: 41: 43: 45), d2jun, ppde, elástico hasta el final.

Cambie a CP.

Vuelta 9 Elástico hasta el final.

Cierre en elástico, mientras dis como antes.

confección

Una las costuras del hombro izquierdo y de la tira del cuello. Cosa las mangas a las sisas con remates en las marcas cosidas a los puntos cerrados bajo el brazo. Una y cosa las mangas.

patucos
con vuelta

tamaños

Para edades de 0-3 (3-6) meses

materiales

1 ovillo de 50 g de Debbie Bliss Baby Cashmerino en azul pálido (CP) y restos de hilo en verde lima (CC)

Agujas de 2 ¾ mm y 3 mm

muestra

27 p y 36 vueltas para un cuadrado de 10 x 10 cm en punto de media con agujas de 3 mm

abreviaturas

Véase pág. 25

confección

Con agujas de 2 ¾ mm y CP, monte 26 p.

Vuelta 1 D hasta el final.

Vuelta 2 D1, hd, d11, hd, d2, hd, d11, hd, d1.

Vuelta 3 y todas las sig vueltas alternas D hasta el final.

Vuelta 4 D2, hd, d11, hd, d4, hd, d11, hd, d2.

Vuelta 6 D3, hd, d11, hd, d6, hd, d11, hd, d3.

Vuelta 8 D4, hd, d11, hd, d8, hd, d11, hd, d4.

Vuelta 10 D5, hd, d11, hd, d10, hd, d11, hd, d5. 46 p.

Vuelta 12 D6, hd, d11, hd, d12, hd, d11, hd, d6. 50 p.

Vuelta 13 D hasta el final.

Sólo segundo tamaño

Vuelta 14 D7, hd, d11, hd, d14, hd, d11, hd, d7. 54 p.

Vuelta 15 D hasta el final.

Los dos tamaños

Cambie a agujas de 3 mm.

Con CC, d 2 vueltas.

Cambie a CP.

Vuelta sig (derecho) D hasta el final.

Vuelta sig (D1, r1) 11 (12) veces, d6, (r1, d1) 11 (12) veces.

La última vuelta forma el p de arroz con empeine en p bobo y se repite 2 veces más.

Empeine

Mantenga el p de arroz correcto, trabaje del siguiente modo:

Vuelta 1 (derecho) P de arroz 21 (23), d2jun, d4, d2jun, p de arroz 21 (23).

Vuelta 2 P de arroz 21 (23), d6, p de arroz 21 (23).

Vuelta 3 P de arroz 20 (22), d2jun, d4, d2jun, p de arroz 20 (22).

Vuelta 4 P de arroz 20 (22), d6, p de arroz 20 (22).

Vuelta 5 P de arroz 19 (21), d2jun, d4, d2jun, p de arroz 19 (21).

Vuelta 6 P de arroz 19 (21), d6, p de arroz 19 (21).

Cont así dis 2 p en cada vuelta del lado derecho hasta 28 (30) p rest, termine con una vuelta del revés.

Cambie a agujas de 2 ¾ mm.

Trabaje 10 vueltas.

Coloque una marca en cada extremo de la última vuelta.

Cambie a agujas de 3 mm.

Vuelta sig (D1, r1) 7 veces, d0 (1), dé la vuelta y trabaje en estos p.

Trabaje 10 vueltas más en p de arroz.

Cambie a CC.

D 2 vueltas.

Cierre.

Del derecho, con agujas de 3 mm y CP, una el hilo a los p rest y trabaje del siguiente modo:

Vuelta sig D0 (1), (r1, d1) 7 veces.

Trabaje 10 vueltas en p de arroz.

Cambie a CC.

D 2 vueltas.

Cierre.

acabado

Una la planta y la costura posterior a las marcas, haga la costura por fuera para poder doblar la vuelta en el patuco por el derecho.

chaqueta
con capucha

medidas

Para edades de 3-6 (6-9: 9-12: 12-18: 18-24) meses

medidas reales

Pecho 50 (54: 59: 63: 70) cm

Largo de hombros 27 (28: 32: 35: 39) cm

Largo de mangas con el puño doblado 14 (16: 18: 21: 23) cm

materiales

4 (5: 6: 6: 7) ovillos de 50 g de Debbie Bliss Cashmerino Aran en verde manzana

Aguja circular y agujas de 5 mm

Un botón grande

muestra

18 p y 24 vueltas para un cuadrado de 10 x 10 cm en punto derecho con agujas de 5 mm

abreviaturas

2pas = levante 2 veces sin tejer

Véase pág. 25.

espalda

Con agujas de 5 mm, monte 57 (61: 67: 73: 81) p.

Emp con una vuelta d, trabaje en p de media.

Trabaje 6 vueltas.

Dis D4, ppde, d hasta últimos 6 p, d2jun, d4.

Trabaje 5 vueltas.

Rep las últimas 6 vueltas 3 (3: 4: 5: 6) veces más y la dis otra vez. 47 (51: 55: 59: 65).

Cont hasta que la espalda mida 14 (15: 18: 20: 23) cm desde el principio, acabe con una vuelta r.

Sisas

Cierre 4 (4: 5: 5: 6) p al principio de las sig 2 vueltas.

Deje los rest 39 (43: 45: 49: 53) p en espera.

delantero izquierdo

Con agujas de 5 mm, monte 31 (33: 36: 39: 43) p.

Vuelta sig D hasta el final.

Vuelta sig D1, r hasta el final.

Estas 2 vueltas enlazan el p de media con el punto bobo en los bordes.

Trabaje 4 vueltas.

Dis D4, ppde, d hasta el final.

Trabaje 5 vueltas.

Rep las últimas 6 vueltas 3 (3: 4: 5: 6) veces más y la dis otra vez. 26 (28: 30: 32: 35) p.

Cont así hasta que el delantero mida 14 (15: 18: 20: 23) cm desde el principio, acabe con una vuelta en el revés.

Sisa

Cierre 4 (4: 5: 5: 6) al principio de la sig vuelta.

Trabaje 1 vuelta.

Deje los rest 22 (24: 25: 27: 29) p en una aguja auxiliar.

delantero derecho

Con agujas de 5 mm, monte 31 (33: 36: 39: 43) p.

Vuelta sig D hasta el final.

Vuelta sig R hasta el último p, d1

Estas 2 vueltas enlazan el p de media con el p bobo en los bordes.

Trabaje 4 vueltas.

Dis D hasta últimos 6 p, d2jun, d4.

Trabaje 5 vueltas.

Rep las últimas 6 vueltas 3 (3: 4: 5: 6) veces más y la dis otra vez. 26 (28: 30: 32: 35) p.

Cont así hasta que el delantero mida 14 (15: 18: 20: 23) cm desde el principio, acabe con una vuelta del derecho.

Sisa

Cierre 4 (4: 5: 5: 6) p al principio de la sig vuelta.

Deje los rest 22 (24: 25: 27: 29) p en espera. No corte el hilo.

mangas

Con agujas de 5 mm, monte 30 (32: 34: 36: 38) p.

Empiece con una vuelta d.

Trabaje en p media.

Trabaje 8 (8: 8: 10: 10) vueltas.

Aum D3, c1, d hasta últimos 3 p, c1, d3.

Siga con 3 vueltas en p de media.

Rep las últimas 4 vueltas 5 (6: 7: 8: 9) veces y el aum otra vez. 44 (48: 52: 56: 60) p.

Cont hasta que las mangas midan 15 (17: 19: 22: 24) cm desde el principio, acabe con una vuelta r.

Coronilla

Cierre 4 (4: 5: 5: 6) p al principio de las siguientes 2 vueltas.

Deje rest 36 (40: 42: 46: 48) p en espera.

canesú

Por el derecho y con una aguja circular de 5 mm, trabaje en el delantero derecho, la manga, la espalda, la manga y el delantero izquierdo como sigue: d21 (23: 24: 26: 28) p desde delantero derecho, d último p jun con primer p de manga, d34 (38: 40: 44: 46), d último p jun con primer p de espalda, d37 (41: 43: 47: 51), d último p con primer p de manga, d34 (38: 40: 44: 46), d último p jun con primer p de delantero izquierdo, d21 (23: 24: 26: 28). 151 (167: 175: 191: 203) p.

Trabaje hacia detrás y hacia delante en vueltas.

Vuelta sig D1, r hasta el último p, d1.

Vuelta sig D18 (20: 21: 23: 25), d2jun, d3, ppde, d28 (32: 34: 38: 40), d2jun, d3, ppde, d31 (35: 37: 41: 45), d2jun, d3, ppde, d28 (32: 34: 38: 40), d2jun, d3, ppde, d18 (20: 21: 23: 25). 143 (159: 167: 183: 195) p.

Vuelta sig D1, r hasta el último p, d1

Vuelta sig D17 (19: 20: 22: 24), d2jun, d3, ppde, d26 (30: 32: 36: 38), d2jun, d3, ppde, d29 (33: 35: 39: 43), d2jun, d3, ppde, d26 (30: 32: 36: 38), d2jun, d3, ppde, d17 (19: 20: 22: 24). 135 (151: 159: 175: 187) p.

Vuelta sig D1, r hasta el último p, d1

Vuelta sig D16 (18: 19: 21: 23), d2jun, d3, ppde, d24 (28: 30: 34: 36), d2jun, d3, ppde, d27 (31: 33: 37: 41), d2jun, d3, ppde, d24 (28: 30: 34: 36), d2jun, d3, ppde, d16 (18: 19: 21: 23). 127 (143: 151: 167: 179) p.

Vuelta sig D1, r hasta el último p, d1

Vuelta sig D15 (17: 18: 20: 22), d2jun, d3, ppde, d22 (26: 28: 32: 34), d2jun, d3, ppde, d25 (29: 31: 35: 39), d2jun, d3, ppde, d22 (26: 28: 32: 34), d2jun, d3, ppde, d15 (17: 18: 20: 22). 119 (135: 143: 159: 171) p.

Cont de este modo dis 8 p en cada vuelta del derecho hasta 71 (79: 87: 95: 99) p rest, acabe con una vuelta del revés.

Vuelta ojales D2, d2jun, 2pas, ppde, trabaje hasta el final, dis como antes.

Vuelta sig Trabaje hasta el final, trabaje 2 veces en 2pas.

Trabaje 4 (4: 6: 6: 6) vueltas más, dis en la sig vuelta y 1 (1: 2: 2: 2) en las vueltas del derecho sig como antes. **47 (55: 55: 63: 67) p.**

Capucha

Vuelta sig (del derecho) D9 (10: 10: 12: 12) p, cierre sig 29 (35: 35: 39: 43) p, d hasta el final.

Vuelta sig D1, r8 (9: 9: 11: 11), monte 56 (60: 60: 66: 72) p, r8 (9: 9: 11: 11), d1. **74 (80: 80: 90: 96) p.**

Vuelta sig D hasta el final.

Vuelta sig D1, r hasta el último p, d1.

Rep las últimas 2 vueltas 18 (19: 21: 22: 23) veces más.

Coronilla

Vuelta sig D34 (37: 37: 42: 45), d2jun, d2, ppde, d34 (37: 37: 42: 45).

Vuelta sig D1, r32 (35: 35: 40: 43), r2jun prbu, r2, r2jun, r32 (35: 35: 40: 43), d1.

Vuelta sig D32 (35: 35: 40: 43), d2jun, d2, ppde, d32 (35: 35: 40: 43).

Vuelta sig D1, r30 (33: 33: 38: 41), r2jun prbu, r2, r2jun, r30 (33: 33: 38: 41), d1.

Vuelta sig D30 (33: 33: 38: 41), d2jun, d2, ppde, d30 (33: 33: 38: 41).

Vuelta sig D1, r28 (31: 31: 36: 39), r2jun prbu, r2, r2jun, r28 (31: 31: 36: 39), d1.

Vuelta sig D28 (31: 31: 36: 39), d2jun, d2, ppde, d28 (31: 31: 36: 39).

Vuelta sig D1, r26 (29: 29: 34: 37), r2jun prbu, r2, r2jun, r26 (29: 29: 34: 37), d1.

Cierre.

confección

Una y cosa las mangas. Una las sisas. Doble el borde de la capucha por la mitad y cosa. Frunza y cosa el borde de la capucha al borde del cuello. Cosa el botón.

calcetines
con trenzas

tallas
Para edades de 3-6 meses

materiales
1 ovillo de 50 g de Debbie Bliss Cashmerino DK en lila
2 agujas de 4 mm
Aguja de trenza

muestra
22 p y 30 vueltas para un cuadrado de 10 x 10 cm en punto de media con agujas de 4 mm

abreviaturas
A4b = deslice 2 puntos en la aguja auxiliar y resérvelos detrás del trabajo, d2,
luego d2 desde la aguja auxiliar
Rdd = revés delante y detrás del siguiente punto

calcetines
(para 2)

Con agujas de 4 mm, monte 42 p.

Vuelta 1 D2, * r1, d4, r1, d2; rep desde * hasta el final.

Vuelta 2 R2, * d1, r4, d1, r2; rep desde * hasta el final.

Vuelta 3 D2, * r1, a4b, r1, d2; rep desde * hasta el final.

Vuelta 4 igual que la vuelta 2.

Estas 4 vueltas forman el patrón de la trenza y se repiten 1 vez más y después las 3 primeras vueltas de nuevo.

Vuelta del borde D4, * d2jun, d6; rep desde * hasta los últimos 6 p, d2jun, d4. **37 p.**

Vuelta aum * R2, d1, r1, rdd, r1, d1; rep desde * hasta los últimos 2 p, r2. **42 p.**

Emp con una primera vuelta, rep el patrón de 4 trenzas 4 veces más, después rep las primeras 3 vueltas del patrón.

Vuelta 1 dis R2, * d1, r2jun, r2jun, d1, r2; rep desde * hasta el final. **32 p.**

Vuelta 2 dis D3, * d2jun, d6; rep desde * hasta los últimos 5 p, d2jun, d3. **28 p.**

Talón

Vuelta sig R 8, dé la vuelta.

Trabaje 9 vueltas en p de media sólo en estos 8 p.

Vuelta dis R2, r2jun, r1, dé la vuelta.

Vuelta sig Des 1, d3.

Vuelta dis R3, r2jun, r1, dé la vuelta.

Vuelta sig Des 1, d4.

Vuelta dis R4, r2jun.

Deje los 5 p res en espera.

Del revés, deslice hacia el centro 12 p en una aguja auxiliar, una el hilo a los 8 p rest, r hasta el final.

Trabaje 8 vueltas más en p. de media sólo en estos 8 p.

Vuelta dis D2, d2jun prbu, d1, dé la vuelta.

Vuelta sig Des1, r3.

Vuelta dis D3, d2jun prbu, d1, dé la vuelta.

Vuelta sig Des1, r4.

Vuelta dis D4, d2jun prbu, dé la vuelta.

Vuelta sig Des1, r4.

Empeine

Vuelta sig D5, recoja y d8 uniformemente a lo largo del borde interior del talón, d12 p en espera, recoja y d8 p uniformemente a lo largo del borde interior del talón, luego d5 p de la aguja auxiliar. 38 p.

R 1 vuelta.

Vuelta dis D11, d2jun, d12, d2jun prbu, d11.

R 1 vuelta.

Vuelta dis D10, d2jun, d12, d2jun prbu, d10.

R 1 vuelta.

Vuelta dis D9, d2jun, d12, d2jun prbu, d9.

R 1 vuelta.

Vuelta dis D8, d2jun, d12, d2jun prbu, d8. 30 p.

Emp con 1 vuelta r, trabaje 13 vueltas en p de media.

Dedos

Vuelta dis D1, (d2jun prbu, d5) 4 veces, d1.

R 1 vuelta.

Vuelta dis D1, (d2jun prbu, d4) 4 veces, d1.

R 1 vuelta.

Vuelta dis D1, (d2jun prbu, d3) 4 veces, d1.

R 1 vuelta.

Vuelta dis D1, (d2jun prbu, d2) 4 veces, d1. 14 p.

Vuelta dis (R2jun) hasta el final. 7 p.

Cierre.

confección

Una las costuras por los dedos, después una la costura a lo largo del centro de la planta y avance hacia el centro de la parte trasera y haga la costura por el lado contrario en la parte que corresponde a la vuelta. Colóquelo del derecho.

chaqueta cruzada 101

medidas
Para edades de 0-3 (3-6: 6-9: 9-12) meses
medidas reales
Pecho 42 (46: 50: 54) cm
Largo del hombro 26 (28: 30: 32) cm
Largo de la manga 12 (13: 14: 16) cm

materiales
2 (3: 3: 3) ovillos de 50 g de Debbie Bliss Baby Cashmerino en lila (CP) y una pequeña cantidad en color chocolate (CC)
2 agujas de 3 mm y 2 de 3 ¼ mm
60 cm de cinta de 7 mm de anchura
1 botón pequeño

muestra
25 p y 34 vueltas para un cuadrado de 10 x 10 cm en punto de media con agujas de 3 ¼ mm

abreviaturas
Véase pág. 25

espalda

Con agujas de 3 mm y CC, monte 65 p (70: 75: 80) p.

D 1 vuelta.

Cambie a agujas de 3 ¼ mm y CP.

Emp con una vuelta d, trabaje en p de media.

Trabaje 6 (8: 10: 10) vueltas.

Vuelta dis (derecho) D8, ppde, d hasta los últimos 10 p, d2jun, d8.

Trabaje 9 (9: 9: 11) vueltas.

Rep las últimas 10 (10: 10: 12) vueltas 3 veces más y de nuevo la vuelta dis. 55 (60: 65: 70) p.

Cont así hasta que la espalda mida 17 (18: 20: 21) cm desde el principio, termine con 1 vuelta r.

Sisas

Cierre 6 p al principio de las sig 2 vueltas. 43 (48: 53: 58) p.

Cont así hasta que la espalda mida 26 (28: 30: 32) cm desde el principio, termine con una vuelta r.

Hombros

Cierre 5 (6: 7: 8) p al principio de las sig 4 vueltas.

Deje los 23 (24: 25: 26) p rest en espera.

delantero izquierdo

Con agujas de 3 mm y CC, monte 44 (47: 50: 53) p.

D 1 vuelta.

Cambie a agujas de 3 ¼ mm y CP.

Emp con una vuelta d, trabaje en p. de media.

Trabaje 6 (8: 10: 10) vueltas.

Vuelta dis (derecho) D8, ppde, d hasta el final.

Trabaje 9 (9: 9: 11) vueltas.

Rep las últimas 10 (10: 10: 12) vueltas 3 veces más y la vuelta dis una vez más. 39 (42: 45: 48) p.

Cont así hasta que el delantero mida 17 (18: 20: 21) cm desde el principio, termine con una vuelta r.

Sisa

Cierre 6 p al principio de la sig vuelta. 33 (36: 39: 42) p.

Vuelta sig R hasta el final.

Vuelta ojal D hasta los últimos 4 p, hd, d2jun, d2.

Vuelta sig R hasta el final.

Vuelta sig D hasta el final.

Cuello

Vuelta sig (revés) Cierre 5 (6: 7: 8) p, r hasta el final. 28 (30: 32: 34) p.

D 1 vuelta.

Vuelta sig Cierre 5 p, r hasta el final.

D 1 vuelta.

Vuelta sig Cierre 3 p, r hasta el final. 20 (22: 24: 26) p.

Vuelta sig D hasta los últimos 2 p, d2jun.

Cont dis 1 p en el borde del cuello en cada sig vuelta del derecho hasta 10 (12: 14: 16) p rest.

Cont así hasta que el delantero mida lo mismo que la espalda, termine en el borde de la sisa.

Hombro

Cierre 5 (6: 7: 8) p al principio de la sig vuelta.

Trabaje 1 vuelta.

Cierre rest 5 (6: 7: 8) p.

delantero derecho

Con agujas de 3 mm y CC, monte 44 (47: 50: 53) p.

D 1 vuelta.

Cambie a agujas de 3 ¼ mm y CP.

Emp con 1 vuelta d, trabaje en p de media.

Trabaje 6 (8: 10: 10) vueltas.

Vuelta dis (derecho) D hasta últimos 10 p, d2jun, d8.

Trabaje 9 (9: 9: 10) vueltas.

Rep las últimas 10 (10: 10: 12) vueltas 3 veces más y la vuelta dis 1 vez más. 39 (42: 45: 48) p.

Cont así hasta que el delantero mira 17 (18: 20: 21) mm desde el principio, termine con 1 vuelta d.

Sisa

Cierre 6 p al principio sig vuelta. 33 (36: 39: 42) p.

Trabaje 4 vueltas seguidas.

Cuello

Vuelta sig (derecho) Cierre 5 (6: 7: 8) p, d hasta el final. 28 (30: 32: 34) p.

R 1 vuelta.

Vuelta sig Cierre 5 p, d hasta el final.

R 1 vuelta.

Vuelta sig Cierre 3 p, d hasta el final. 20 (22: 24: 26) p.

R 1 vuelta.

Vuelta sig ppde, d hasta el final.

Cont dis 1 p en el borde del cuello en cada sig vuelta del derecho hasta 10 (12: 14: 16) p rest.

Cont así hasta que el delantero mida lo mismo que la espalda, termine en el borde de la sisa.

Hombro

Cierre 5 (6: 7: 8) p al principio de la sig vuelta.

Trabaje 1 vuelta.

Cierre 5 (6: 7: 8) p rest.

mangas

Con agujas de 3 mm y CC, monte 35 (38: 38: 41) p.

D 1 vuelta.

Cambie a agujas de 3 ¼ mm y CP.

Emp con 1 vuelta d, trabaje en p de media y dis 1 p en cada extremo de la quinta vuelta y cada sig sexta vuelta hasta que tenga 45 (50: 55: 55) p.

Cont así hasta que la manga mida 12 (13: 14: 16) cm desde el principio, termine con 1 vuelta r.

Marque los extremos de la última vuelta con un hilo de color.

Trabaje 2 cm más, termine con una vuelta r.

Cierre.

tira del botón

Con agujas de 3 mm y CP, monte 15 (17: 19: 21) p.

D 1 vuelta.

Cierre.

borde delantero derecho	Del derecho, con agujas de 3 mm y CC, recoja y d53 (55: 61: 63) p uniformemente a lo largo del borde delantero derecho. D 1 vuelta. Cierre.
borde delantero izquierdo	Del derecho, con agujas de 3 mm y CC, recoja y d53 (55: 61: 63) p uniformemente a lo largo del borde delantero izquierdo. D 1 vuelta. Cierre.
tira del cuello	Una las costuras del hombro. Del derecho, con agujas de 3 mm y CC, recoja y d1 a través de los remates de la tira delantera derecha, 39 (42: 43: 46) p suba por el cuello del delantero derecho, d a través 23 (24: 25: 26) p en espera del cuello posterior, recoja y d39 (42: 43: 46) p baje cuello delantero izquierdo, recoja y d1 p a través de los remates de la tira delantera. D 1 vuelta. Cierre.
confección	Cosa las mangas a las sisas con remates en las marcas cosidas a los puntos cerrados bajo el brazo. Una y cosa las mangas. Corte la cinta por la mitad y cosa una parte al delantero derecho y la otra al delantero izquierdo. Cosa un extremo de la tira del botón en la costura de la sisa delantera 4 vueltas por encima de la sisa y después cosa el botón en el otro extremo.

medidas
Para edades 0-3 (3-6: 6-9: 9-12) meses
medidas reales
Con pañal 41 (46: 51: 56) cm
Longitud 29 (33: 38: 43) cm

materiales
2 (2: 2: 3) ovillos de 50 g de Debbie Bliss Baby Cashmerino color chocolate (CP) y una pequeña cantidad en lila (CC)
2 agujas de 3 mm y 2 de 3 ¼ mm
La medida de la cintura de cinta elástica de 1,5 cm de anchura

muestra
25 p y 34 vueltas para un cuadrado de 10 x 10 cm en punto de media con agujas de 3 ¼ mm

abreviaturas
Véase pág. 25

106 pantalones a juego

perneras
(para 2)

Con agujas de 3 mm y CC, monte 54 (60: 66: 72) p.
Vuelta elástico *D1, r1; rep des * hasta el final.
Cambie a CP y trabaje 9 vueltas más.
Cambie a agujas de 3 ¼ mm.
Emp con 1 vuelta d, trabaje en p de media hasta que la labor mida 14 (16: 17: 19) cm desde el principio, termine con 1 vuelta r.
Entrepierna
Aum 1 p en cada extremo de la sig vuelta y 2 (2: 3: 3) en las sig vueltas alternas.
R 1 vuelta.
Monte 3 p al principio de las sig 2 vueltas. **66 (72: 80: 86) p.**
Perneras
Trabaje 2 vueltas
Dis 1 p en cada extremo de la sig vuelta y 2 (3: 4: 5) en las sig vueltas alternas. **60 (64: 70: 74) p.**
Dis 1 p en cada extremo de 5 (6: 7: 8) sig. 6.ª vuelta. **50 (52: 56: 58) p.**
Trabaje 6 (6: 8: 10) vueltas.
Cambie a agujas de 3 mm y CC.
D 2 vueltas.
Cierre.

confección

Una las costuras internas de las perneras. Una la costura delantera central y la trasera.
Coloque y cosa la cinta elástica. Recúbrala con punto de espiga sobre el elástico de la cintura.

tamaños

Para edades de 3-9 (6-12: 18-24) meses

materiales

1 ovillo de 50 g de Debbie Bliss Cashmerino Aran en color azul (A) y un poco de lana en color chocolate (B)

Agujas de 4 ½ y de 5 mm

muestra

18 p y 24 vueltas para un cuadrado de 10 x 10 cm en punto de media con agujas de 5 mm

20 p y 36 vueltas para un cuadrado de 10 x 10 cm en punto bobo con agujas de 5 mm

abreviaturas

Véase pág. 25

gorro conpompón

método

Con agujas de 4 ½ mm y B, monte 56 (64: 72) p.

Vuelta elástico * D1, r1; rep desde * hasta el final.

Esta vuelta crea el elástico.

Cambie a A.

Trabaje 5 vueltas en elástico.

Cambie a agujas de 5 mm.

D 4 vueltas.

Aum D2 *c1, d4; rep desde * hasta últimos 2 p, c1, d2. 70 (80: 90) p.

D 3 vueltas.

Aum D2, *c1, d5; rep desde * hasta últimos 3 p, c1, d3. 84 (96: 108) p.

D 13 vueltas.

Dis D1, *ppde, d4; rep desde * hasta ultimos 5 p, ppde, d3. 70 (80: 90) p.

D 3 vueltas.

Dis D1, *ppde, d3; rep desde * hasta ultimos 4 p, ppde, d2. 56 (64: 72) p.

D 3 vueltas.

Dis D1, *ppde, d2; rep desde * hasta últimos 3 p, ppde, d1. 42 (48: 54) p.

D 3 vueltas.

Dis D1, *ppde, d1; rep desde * hasta últimos 2 p, ppde. 28 (32: 36) p.

D 3 vueltas.

Dis *Ppde; rep desde * hasta el final. 14 (16: 18) p.

D 1 vuelta.

Dis *Ppde; rep desde * hasta el final. 7 (8, 9) p.

Corte el hilo, ensarte a través de p rest, tire y remate.

confección

Una costuras. Haga un pequeño pompón con B (*véase* pág. 43) y cósalo en la parte superior del gorro.

bloques lúdicos

tamaño

Cada bloque mide aproximadamente 7,5 x 7,5 cm

materiales

1 ovillo de 50 g de Debbie Bliss Baby Cashmerino en índigo (A), azul celeste (B), lima (C),
frambuesa (D), gris plata (E) y beis (F)
Restos de hilo marrón para bordar
2 agujas de 3 mm
5 bloques de espuma de 7,5 x 7,5 cm o relleno para juguetes (*véase* la nota al final de la página)

muestra

26 puntos y 36 vueltas para un cuadrado de 10 x 10 cm con agujas de 3 mm

abreviaturas

Véase pág. 25

nota

Cada uno de los cinco bloques de construcción está constituido por seis caras tejidas diferentes.
Si utiliza espuma para el relleno, emplee goma EVA (de células cerradas), que no es tóxica
y se puede adquirir en los proveedores de espumas.

112

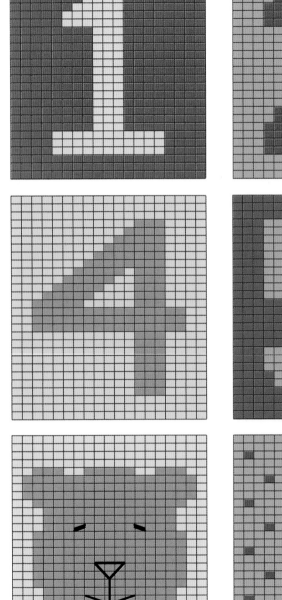

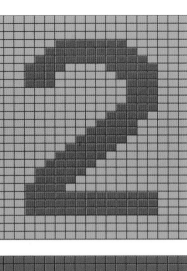

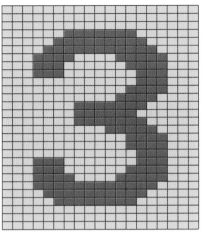

Cada cara tiene 19 puntos y 28 vueltas.

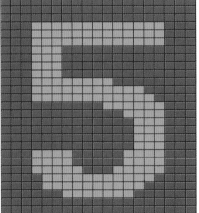

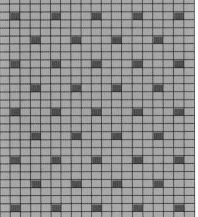

diagrama de montaje

cara lisa (para 5)

Con agujas de 3 mm y A, monte 19 p.
Vuelta en p de arroz D1, (r1, d1) hasta el final.
Rep la vuelta en p de arroz 31 veces más.
Cierre en p de arroz.
Haga 4 caras lisas más de la misma forma, trabaje cada una en un color diferente: B, C, D y E.

cara con rayas estrechas (para 5)

Con agujas de 3 mm y A, monte 19 p.
Trabaje en p bobo con la siguiente secuencia de rayas:
*1 vuelta D con A; 2 vueltas con B; 2 vueltas con C; 2 vueltas con D; 2 vueltas con F; 1 vuelta con A;
rep desde * 2 veces más, después 1 vuelta d con A; 2 vueltas con B; 2 vueltas con C; 1 vuelta con D.
Cierre del derecho con D.
Haga 4 caras más con rayas estrechas de la misma forma.

cara con rayas anchas (para 5)

Con agujas de 3 mm y A, monte 19 p.
Emp con 1 vuelta d, trabaje 27 vueltas en p de media con la siguiente secuencia de rayas:
3 vueltas con A; 1 vuelta con B; 1 vuelta con A; 3 vueltas con B; 1 vuelta con C; 1 vuelta con B; 3 vueltas con C; 1 vuelta con D; 1 vuelta con C; 3 vueltas con D; 1 vuelta con E; 1 vuelta con D; 3 vueltas con E; 1 vuelta con F; 1 vuelta con E; 2 vueltas con F.
Cierre del derecho con F.
Haga 4 caras más con rayas anchas de la misma forma.

cara con oso (para 5)

Con agujas de 3 mm y E, monte 19 p.
Emp con una vuelta d, trabaje 28 vueltas en p de media siguiendo el esquema del oso; utilice E
para el fondo y F para el oso.
Cierre del revés.
Borde con hilo marrón los ojos, el hocico y la boca.
Haga 4 caras con oso más de la misma forma, utilice F para todos los osos y A o E para el fondo.

cara con motas (para 5)

Con agujas de 3 mm y con el color de fondo de su elección, monte 19 p.
Emp con 1 vuelta d, trabaje 28 vueltas en p de media siguiendo el esquema de motas;
utilice el color de su elección para las motas.
Cierre.
Haga 4 caras más con motas de la misma forma, pero con diferentes combinaciones de colores para cada una.

cara con número (para 5)

Con agujas de 3 mm y con el color de fondo de su elección, monte 19 p.
Emp con 1 vuelta d, trabaje 28 vueltas en p de media siguiendo el esquema del n.º «1», utilice el color que desee.
Haga de la misma forma 4 caras más con número; con un número diferente (2, 3, 4 y 5) y una combinación
de colores distinta en cada una de ellas.

confección

Para cada uno de los cinco bloques, seleccione seis caras diferentes y cósalas como se explica a continuación:
una cuatro caras juntas en una tira; después, las dos restantes a la tira como muestra el diagrama
de montaje de la página anterior. Una la primera cara a la cuarta cara de la tira con cuatro, luego
las tres caras restantes de una de las caras laterales a las otras cuatro. Introduzca el bloque de espuma
o rellene hasta que esté firme y una las restantes tres caras a las otras cuatro.

medidas
Para edades de 3-6 (6-9: 9-12) meses
medidas reales
Pecho 50 (53: 56) cm
Largo de hombro 26 (28: 30) cm
Largo de manga 15 (16: 17) cm

materiales
3 (4: 4: 4) ovillos de 50 g de Debbie Bliss Baby Cashmerino en azul verdoso
Agujas de 2 ¾ mm, 3 ¼, 3 ¾ y 4 mm
1 metro de lazo estrecho

muestra
25 p y 34 vueltas para un cuadrado de 10 x 10 cm en punto derecho con agujas de 3 ¼ mm

abreviaturas
Desld2junde = deslice 1, d2jun, pase el deslizado por encima del punto
Véase pág. 25

nota
Al medir la longitud desde el borde, hay que medir a lo largo de la longitud del p sencillo entre los agujeros de los ojetes.

chaquetamatiné

espalda

Con agujas de 4 mm, monte 82 (89: 97) p.

Vuelta 1 D1, * hd, d2, desd2junde, d2, hd, d1; rep desde * hasta el final.

Vuelta 2 R hasta el final.

Rep estas 2 vueltas hasta que la espalda mida 6 cm desde el principio (*véase* nota), termine con una vuelta r.

Cambie a agujas de 3 ¾ mm y cont según el patrón hasta que la espalda mida 11 (12: 13) cm desde el principio, termine con una vuelta r.

Cambie a agujas de 3 ¼ mm y cont según el patrón hasta que la espalda mida 15 (16: 17) cm desde el principio, termine con una vuelta 1.

Vuelta dis (revés) R10 (5: 2), r2jun, r1 (3: 1), (r2jun, r3 [1: 3]), r2jun, r1 (3: 1) 7 (9: 11) veces, r2jun, r10 (5: 2). 65 (69: 63) p.

Emp con una vuelta d, trabaje en p de media hasta que la espalda mida 26 (28: 30) cm, termine con una vuelta r.

Hombros

Cierre 20 (21: 22) p al principio de las sig 2 vueltas.

Deje 25 (27: 29) p rest en espera.

delantero izquierdo

Con agujas de 4 mm, monte 42 (50: 58) p.

Vuelta 1 D1, * hd, d2, desd2junde, d2, hd, d1; rep desde * hasta el último punto, d1.

Vuelta 2 R hasta el final.

** Rep estas 2 vueltas hasta que el delantero mida 6 cm desde el principio, termine con 1 vuelta r.

Cambie a agujas de 3 ¾ mm y cont según el patrón hasta que el delantero mida 11 (12: 13) cm desde el principio, termine con una vuelta r.

Cambie a agujas de 3 ¼ mm y cont según el patrón hasta que el delantero mida 15 (16: 17) cm desde el principio, termine con una vuelta 1.

Vuelta dis (revés) R y dis 8 (14: 20) p uniformemente a través de la vuelta. **34 (36: 38) p.****

D 1 vuelta.

Cuello

Cont en p de media y cierre 2 p al principio (borde del cuello) de la sig vuelta y sig vuelta revés, después dis 1 p en el mismo borde de las sig 5 (6: 7) vueltas alternas, luego en cada sig cuarta vuelta hasta 20 (21: 22) p rest.

Cont así hasta que el delantero mida lo mismo que de la espalda al hombro.

Cierre.

delantero derecho

Con agujas de 4 mm, monte 42 (50: 58) p.

Vuelta 1 D1, * hd, d2, desd2junde, d2, hd, d1; rep desde * hasta el final.

Vuelta 2 R hasta el final.

Haga lo mismo que en delantero izquierdo a partir de ** a **.

Cuello

Cierre 2 p en (borde del cuello) de la sig vuelta y sig vuelta del derecho, después dis 1 p en el mismo borde de las sig 5 (6: 7) vueltas alternas, luego en cada sig cuarta vuelta hasta 20 (21: 22) p rest.

Cont así hasta que el delantero mida igual que la espalda al hombro.

Cierre.

mangas

Con agujas de 4 mm, monte 41 (41: 49) p.

Vuelta 1 D1, * hd, d2, desd2junde, d2, hd, d1; rep desde * hasta el final.

Vuelta 2 R hasta el final.

Rep estas 2 vueltas 3 veces más.

Cambie a agujas de 3 ¼ mm.

Emp con una vuelta d, trabaje en p de media, **al mismo tiempo,** dis 1 p en cada extremo de la quinta vuelta y 6 (9: 8) sig quinta (cuarta: quinta) vueltas. **55 (61: 67) p.**

Cont así hasta que la manga mida 15 (16: 17) cm, termine con una vuelta r.

Cierre.

bordes

Una las costuras de los hombros.

Del derecho y con agujas de 2 ¾ mm, recoja y d 44 (46: 48) p suba por el borde del delantero derecho para emp el cuello, 26 (28: 32) p hasta el hombro, 25 (27: 29) p a través del cuello de la espalda, 26 (28: 32) p, baje cuello del delantero izquierdo, luego 44 (46: 48) p baje por el borde del delantero izquierdo. **165 (175: 189) p.**

Cierre del derecho.

confección

Empareje con el hombro el centro del borde montado de la manga. Cosa las mangas. Pase la cinta por la espalda y por el delantero a través de la última vuelta de ojetes antes del canesú, átelo.

chaqueta con canesú de trenzas

medidas

Para edades de 9-12 (12-18: 18-24) meses

medidas reales

Pecho 65 (69: 75) cm

Largo de hombros 30 (34: 38) cm

Largo de manga 16 (18: 23) cm

materiales

6 (7: 8) ovillos de 50 g de Debbie Bliss Cotton Double Knitting en color azul

Agujas de 3 ¾ mm y de 4 mm

Cremallera de 25 (25: 30) cm de cerrado rápido

muestra

20 puntos y 28 vueltas para un cuadrado de 10 x 10 cm en punto de media con agujas de 4 mm

abreviaturas

A4a = Deslice los dos puntos siguientes a la aguja por delante de la labor, d2, luego d2 desde la aguja auxiliar

Rdd = r delante y detrás del siguiente punto

Véase pág. 25

espalda

Con agujas de 3 ¾ mm, monte 67 (71: 77) p.

Vuelta p arroz D1, [r1, d1] hasta el final.

Rep esta vuelta 3 veces más.

Cambie a agujas de 4 mm.

Emp con una vuelta d, trabaje en punto de media hasta que la espalda mida 16 (18: 20) cm desde el principio, acabe con una vuelta d.

Aum R3 (5: 8), [rdd, r5] 10 veces, rdd, r3 (5: 8). 78 (82: 88) p.

Canesú

Vuelta 1 (del derecho) P arroz 2 (4: 7), [a4a, p arroz 3] 10 veces, a4a, p arroz 2 (4: 7).

Vuelta 2 P arroz 2 (4: 7), [r4, p arroz 3] 10 veces, r4, p arroz 2 (4: 7).

Vuelta 3 P arroz 2 (4: 7), [d4, p arroz 3] 10 veces, d4, p arroz 2 (4: 7).

Vuelta 4 Como vuelta 2.

Rep las últimas 4 vueltas hasta que la labor mida 30 (34, 38) cm desde el principio, acabe con una vuelta del revés.

Cierre todos los p, trabajando ppde por los 2 p centrales de cada trenza.

delantero izquierdo

Con agujas de 3 ¾ mm, monte 32 (34: 36) p.

Vuelta 1 P de arroz r1, d1 hasta el final.

Vuelta 2 P de arroz d1, p1 hasta el final.

Rep estas 2 vueltas 1 vez más.

Cambie a agujas de 4 mm y trabaje del siguiente modo:

Vuelta 1 D hasta últimos 3 p, p de arroz 3.

Vuelta 2 P de arroz 3, r hasta el final.

Rep las 2 últimas vueltas hasta que la labor mida 16 (18: 20) cm desde el principio, termine con 1 vuelta del derecho.

Aum p de arroz 3, r1, (rdd, r5) 4 veces, rdd, r3 (5: 7) y aum 1 p en el último p sólo en el tamaño más grande. 37 (39: 42) p.

Canesú

Vuelta 1 (derecho) P de arroz 2 (4: 7), (a4a, p de arroz 3) 5 veces.

Vuelta 2 P de arroz 3 (r4, p de arroz 4) 4 veces, r4, p de arroz 2 (4: 7).

Vuelta 3 P de arroz 2 (4: 7), (d4, p de arroz 3) 5 veces.

Vuelta 4 como vuelta 2.

Rep las últimas 4 vueltas hasta que el delantero mida 25 (28: 32) cm, termine con una vuelta del revés.

Cuello

Vuelta sig Patrón 34 (36: 39) y desl rest 3 p en un imperdible para el cuello.

Vuelta sig (revés) Cierre los 4 p de la trenza r2jun prbu en 2 p centrales, patrón hasta el final.

Patrón 1 vuelta.

Vuelta sig Cierre 3 p, patrón hasta el final.

Dis 1 p en el borde del cuello en sig 5 vueltas. 22 (24: 27) p.

Trabaje varias vueltas en el patrón hasta que el delantero mida 30 (34: 38) cm, termine con 1 vuelta del revés.

Cierre todos los p, trabajando ppde desde los 2 p centrales de cada trenza.

delantero derecho

Con agujas de 3 ¾ mm, monte 32 (34: 36) p.

Vuelta 1 p de arroz (D1, r1) hasta el final

Vuelta 2 p de arroz (R1, d1) hasta el final.

Rep estas 2 vueltas 1 vez más.

Cambie a agujas de 4 mm y trabaje del siguiente modo:

Vuelta 1 P de arroz 3, d hasta el final.

Vuelta 2 R hasta últimos 3 p, p de arroz 3.

Rep las 2 últimas vueltas hasta que el delantero mida 16 (18: 20) cm desde el principio, termine con 1 vuelta del derecho.

Sólo tamaños primero y segundo

Aum R3 (5), (rdd, r5) 4 veces, rdd, p de arroz 3. 37 (39) p.

Sólo el tamaño más grande

Aum en primer p, r6, (rdd, r5) 4 veces, rdd, r1, p de arroz 3. 42 p.

Todos los tamaños

Canesú

Vuelta 1 (del derecho) (P de arroz 3, a4a) 5 veces, p de arroz 2 (4: 7).

Vuelta 2 P de arroz 2 (4: 7), (r4, p de arroz 3) 5 veces.

Vuelta 3 (P de arroz 3, d4) 5 veces, p de arroz 2 (4: 7).

Vuelta 4 Como la vuelta 2.

Rep las últimas 4 vueltas hasta que el delantero mida 25 (28: 32) cm, termine con una vuelta del revés.

Cuello

Vuelta sig P de arroz 3 y desl estos p en un imperdible para el cuello, cierre sig 4 p de la trenza con ppde en 2 p centrales, luego patrón hasta el final.

Patrón 1 vuelta.

Vuelta sig Cierre 3, patrón hasta el final.

Patrón 1 vuelta, después dis 1 p de las 5 vueltas siguientes en el borde del cuello. 22 (24: 27) p.

Trabaje unas cuantas vueltas en el patrón hasta que la labor mida 30 (34: 38) cm, acabe con 1 vuelta del revés.

Cierre todos los p trabajando ppde desde los 2 p centrales de cada trenza.

mangas

Con agujas de 3 ¾ mm, monte 31 (33: 35) p.

Vuelta p de arroz D1, (r1, d1) hasta el final.

Rep esta vuelta 3 veces más.

Vuelta aum (del derecho) D todos los p y aum 4 (4: 6) de forma uniforme. 35 (37: 41) p.

Cambie a agujas de 4 mm.

Emp con una vuelta r, trabaje en p de media y aum 1 p en los extremos cada 4 (4: 2) vueltas y las sig 4 (4: 6) vueltas hasta 51 (55: 59) p.

Cont hasta que la manga mida 16 (18: 23) cm desde el principio, termine con una vuelta r.

Cierre

Cosa la costura de los hombros.

cuello

Por el derecho y con agujas de 3 ¾ mm, desl 3 p desde el imperdible del delantero derecho hasta la aguja, una el hilo, recoja y d 15 (16: 17) p suba delantero derecho del cuello, 29 (31: 33) p por la parte posterior del cuello, 15 (16: 17) p baje delantero izquierdo del cuello, después p de arroz cruzando 3 p desde el imperdible del delantero izquierdo. 65 (69: 73) p.

P de arroz 1 vuelta como ha hecho desde imperdibles.

2 vueltas sig P de arroz hasta últimos 21 p, dé la vuelta.

2 vueltas sig P de arroz hasta últimos 16 p, dé la vuelta.

2 vueltas sig P de arroz hasta últimos 11 p, dé la vuelta.

2 vueltas sig P de arroz hasta últimos 6 p, dé la vuelta.

Vuelta sig P de arroz en todos los p.

Punto de arroz 10 vueltas.

Cierre en p de arroz.

confección

Coloque los bordes de la manga en el hombro y cósalas. Una las costuras laterales y las de las mangas. Cosa a mano la cremallera en los delanteros por debajo del borde posterior del punto de arroz.

medidas

Para edades de 6 (12: 18: 24) meses

medidas reales

Pecho 59 (63: 67: 71) cm

Largo de hombro 42 (48: 54: 60) cm

Largo de manga (con puño vuelto) 17 (18: 21: 24) cm

materiales

11 (12: 14: 15) ovillos de 50 g de Debbie Bliss Cotton DK en rosa (CP) y 1 ovillo de 50 g en marrón chocolate (CC)

Agujas de 3 ¾ y 4 mm

Aguja circular de 4 mm

muestra

20 p y 32 vueltas para un cuadrado de 10 x 10 cm en punto de arroz con agujas de 4 mm

abreviaturas

Véase pág. 25

albornoz

espalda

Con una aguja circular de 4 mm y CP, monte 157 (169: 185: 197) p.

Vuelta en p de arroz D1, * r1, d1; rep desde * hasta el final.

Esta vuelta **forma** el p de arroz y se repite.

Trabaje 31 (33: 35: 37) vueltas en p de arroz.

Vuelta dis (derecho) p de arroz 42 (44: 46: 48), d3jun, p de arroz hasta últimos 45 (47: 49: 51), d3jun, p de arroz hasta el final.

P de arroz 13 vueltas.

Vuelta dis (derecho) p de arroz 41 (43: 45: 47), r3jun, p de arroz hasta últimos 44 (46: 48: 50), r3jun, p de arroz hasta el final.

P. de arroz 13 vueltas.

Cont en p de arroz, dis 4 p en la sig vuelta y 2 (3: 4: 5) sig 14 vueltas, termine con la vuelta dis. **137 (145: 157: 165) p.**

Trabaje 11 vueltas.

Divida para espalda y delanteros

Vuelta sig P de arroz 36 (38: 41: 43) p y déjelos en espera para el delantero derecho, cierre sig 6 (6: 8: 8) p, con 1 p en la aguja después de cerrar, p de arroz sig 52 (56: 58: 62) p y déjelos en espera para la espalda, cierre sig 6 (6: 8: 8) p, con 1 p en la aguja después de cerrar, p de arroz 35 (37: 40: 42).

Trabaje en la última serie de 36 (38: 41: 43) p para el delantero izquierdo, trabaje en p de arroz 11 (12: 13: 14) cm más, termine con una vuelta del revés.

Hombro

Cierre 16 (17: 18: 19) p al principio de la sig vuelta.

Trabaje 1 vuelta.

Deje 20 (21: 23: 24) p rest en una aguja auxiliar.

Espalda

Del revés, una el hilo a 53 (57: 59: 63) p de la espalda en espera, siga patrón hasta el final.

Trabaje así hasta que la espalda mida lo mismo que el delantero izquierdo hasta el hombro, termine con una vuelta del revés.

Hombros

Cierre 16 (17: 18: 19) p al principio de las sig 2 vueltas.

Cierre 21 (23: 23: 25) p rest.

Delantero derecho

Del revés, una el hilo a 36 (38: 41: 43) p del delantero derecho en espera, siga patrón hasta el final.

Trabaje así hasta que el delantero mida lo mismo que la espalda hasta el hombro, termine con una vuelta del derecho.

Hombro

Cierre 16 (17: 18: 19) p al principio de la sig vuelta. **20 (21: 23: 24) p.**

Deje p rest en espera.

mangas

Con agujas de 4 mm y CC, monte 29 (31: 33: 35) p.

D 1 vuelta.

Cambie a CP.

Vuelta sig D1, * r1, d1; rep desde * hasta el final.

Esta vuelta forma el p de arroz y se repite.

Trabaje 13 (13: 15: 15) vueltas más en p de arroz.

Cambie a agujas de 3 ¾ mm.

Trabaje 14 (14: 16: 16) vueltas.

Cambie a agujas de 4 mm.

Cont en p de arroz y aum 1 p en cada extremo de la tercera (quinta: quinta: séptima) vuelta y cada
sig cuarta vuelta hasta tener 45 (49: 55: 59) p, haciendo todos los p de aum en p de arroz.

Cont así hasta que la manga mida 20 (22: 26: 29) cm desde el principio, termine con una vuelta del revés.

Marque los extremos de la última vuelta con un hilo de color.

Trabaje 6 (6: 8: 8) vueltas.

Cierre.

capucha

Una las costuras del hombro.

Con agujas de 4 mm y CP, cont de la sig forma:

Vuelta sig (derecho) p de arroz 20 (21: 23: 24) p desde el delantero derecho, monte 31 (35: 35: 39) p,
p de arroz 20 (21: 23: 24) p desde el delantero izquierdo. **71 (77: 81: 87) p.**

Trabaje 60 (62: 64: 66) vueltas en p de arroz.

Coronilla

Vuelta sig p de arroz 34 (37: 39: 42), trabaje 3jun, p de arroz 34 (37: 39: 42).
Vuelta sig p de arroz 33 (36: 38: 41), trabaje 3jun, p de arroz 33 (36: 38: 41).
Vuelta sig p de arroz 32 (35: 37: 40), trabaje 3jun, p de arroz 32 (35: 37: 40).
Vuelta sig p de arroz 31 (34: 36: 39), trabaje 3jun, p de arroz 31 (34: 36: 39).
Vuelta sig p de arroz 30 (33: 35: 38), trabaje 3jun, p de arroz 30 (33: 35: 38).
Vuelta sig p de arroz 29 (32: 34: 37), trabaje 3jun, p de arroz 29 (32: 34: 37).
Vuelta sig p de arroz 28 (31: 33: 36), trabaje 3jun, p de arroz 28 (31: 33: 36).
Vuelta sig p de arroz 27 (30: 32: 35), trabaje 3jun, p de arroz 27 (30: 32: 35).
Cierre.

bolsillos (para 2)

Con agujas de 4 mm y CP, monte 19 (21: 21: 23) p.

Trabaje 24 (26: 26: 28) vueltas en p de arroz.

Cambie a CC.

D 1 vuelta.

Cierre en CC.

cinturón

Con una aguja circular de 4 mm y CP, monte 191 (201: 211: 221) p.

Trabaje 3 vueltas en p de arroz.

Cierre en p de arroz.

confección

Una la costura de la coronilla. Cosa el borde de la capucha al borde del cuello por detrás.
Una las costuras de la manga a las marcas y en el extremo inferior haga la costura por fuera,
para darle la vuelta al puño. Cosa las mangas a las sisas, con remates sobre las marcas
cosidas a los puntos cerrados bajo el brazo. Cosa los bolsillos.

primer abrigo

medidas
Para edades 0-3 (3-6: 6-9: 9-12) meses
medidas reales
Pecho 46 (50: 55: 60) cm
Largo de hombro 28 (30: 32: 34) cm
Largo de manga 12 (13: 14: 16) cm

materiales
3 (3: 4: 4) ovillos de 50 g de Debbie Bliss Baby Cashmerino en color piedra (CP) y una pequeña cantidad
en color crudo (CC)
Agujas de 3 mm y de 3 ¼ mm
4 botones pequeños

muestra
25 puntos y 34 vueltas para un cuadrado de 10 x 10 cm en p de media con agujas de 3 ¼ mm y de 32 puntos
y 34 vueltas para un cuadrado de 10 x 10 cm en elástico con agujas de 3 ¼ mm.

abreviaturas
Véase pág. 25

espalda

Con agujas de 3 mm y CP, monte 75 (83: 91: 99) p.

D 3 vueltas.

Cambie a agujas de 3 ¼ mm.

Emp con una vuelta d, trabaje en p de media hasta que la espalda mida 15 (16: 18: 19) cm desde el principio, acabe con una vuelta r.

Vuelta sig (derecho) D1, * r1, d1; rep desde * hasta el final.

Vuelta sig R1, * d1, r1; rep desde * hasta el final.

Rep las 2 últimas vueltas hasta que la espalda mida 18 (19: 22: 23) cm desde el principio, acabe con una vuelta del revés.

Sisas

Cierre 8 p al principio de las sig 2 vueltas. **59 (67: 75: 83)** p.

Dis 1 p en cada extremo de la sig vuelta y 3 (4: 5: 6) en las sig vueltas alternas. **51 (57: 63: 69)** p.

Continúe así hasta que la espalda mida 28 (30: 32: 34) cm desde el principio, acabe con una vuelta del revés.

Hombros

Cierre 9 (11: 14: 16) p al principio de las sig 2 vueltas.

Deje 33 (35: 35: 37) p rest en espera.

delantero izquierdo

Con agujas de 3 mm y CP, monte 39 (43: 47: 51) p.

D 3 vueltas.

Cambie a agujas de 3 ¼ mm.

Vuelta sig (derecho) D hasta el final.

Vuelta sig D3, r hasta el final.

Estas 2 vueltas forman el p de media con el borde en p bobo.

Cont así hasta que el delantero mida 15 (16: 18: 19) cm desde el principio, termine con una vuelta del revés.

Vuelta sig (dserecho) * R1, d1; rep desde * hasta los últimos 5 p, r1, d4.

Vuelta sig D3, * r1, d1; rep desde * hasta el final.

Rep las 2 últimas vueltas hasta que el delantero mida 18 (19: 22: 23) cm desde el principio, termine con una vuelta del revés.

Sisa

Cierre 9 p al principio de la sig vuelta. **30 (34: 38: 42)** p.

Trabaje 1 vuelta.

Dis 1 p al principio de la sig vuelta y 3 (4: 5: 6) sig vueltas alternas. **26 (29: 32: 35)** p.

Trabaje así hasta que el delantero mida 24 (26: 27: 29) cm desde el principio, termine con una vuelta del revés.

Cuello

Vuelta sig Elástico hasta los últimos 10 p, reserve estos p en espera.

Dis 1 p en el borde del cuello en cada vuelta hasta 9 (11: 14: 16) p rest.

Cont así hasta que el delantero mida lo mismo que de la espalda al hombro, termine en el borde de la sisa.

Hombro

Cierre.

Marque donde colocará los 4 botones, el primero en la tercera vuelta del patrón del elástico y el cuarto 1 cm por debajo del cuello, los 2 botones rest a la misma distancia que los otros dos.

delantero derecho

Con agujas de 3 mm y CP, monte 39 (43: 47: 51) p.

D 3 vueltas.

Cambie a agujas de 3 ¼ mm.

Vuelta sig (derecho) D hasta el final.

Vuelta sig R hasta últimos 3 p, d3.

Estas 2 vueltas forman el p de media con el borde en p bobo.

Cont así hasta que el delantero mida 15 (16: 18: 19) cm desde el principio, termine con una vuelta del revés.

Vuelta sig (derecho) D4, r1, * d1, r1; rep desde * hasta el final.

Vuelta sig D1, * r1, d1; rep desde * hasta últimos 4 p, r1, d3.

Vuelta ojales D2, hd, d2jun, r1, elástico hasta el final.

Trabaje los ojales rest como en esta vuelta para que coincidan con las marcas de donde colocará los botones.

Rep las 2 últimas vueltas hasta que el delantero mida 18 (19: 22: 23) cm desde el principio, termine con una vuelta del derecho.

Sisa

Cierre 9 p al principio de la vuelta sig. 30 (34: 38: 42) p.

Dis 1 p al principio de la sig vuelta y 3 (4: 5: 6) sig vueltas alternas. 26 (29: 32: 35) p.

Trabaje así hasta que el delantero mida 24 (26: 27: 29) cm desde el principio, termine con una vuelta del revés.

Cuello

Vuelta sig Elástico 10 p, deje estos p en espera, elástico hasta el final.

Dis 1 p en el borde del cuello en cada vuelta hasta 9 (11: 14: 16) p rest.

Cont así hasta que el delantero mida lo mismo que de la espalda al hombro, termine en el borde de la sisa.

Hombro

Cierre.

mangas

Con agujas de 3 mm y CP, monte 40 (43: 45: 46) p.

D 3 vueltas.

Cambie a agujas de 3 ¼ mm.

Emp con una vuelta d, trabaje en p de media y aum 1 p en cada extremo de la quinta vuelta y en cada sig sexta vuelta hasta tener 50 (55: 57: 60) p.

Cont así hasta que la manga mida 12 (13: 14: 16) cm desde el principio, termine con una vuelta r.

Marque los dos extremos de la última vuelta con un hilo de color.

Trabaje 2 cm más, termine con una vuelta r.

Parte superior

Dis 1 p en los dos extremos de la sig vuelta y 3 (4: 5: 6) en las sig vueltas alternas. 42 (45: 45: 46) p.

Cierre.

cuello

Una las costuras del hombro.

Del derecho, con agujas de 3 ¼ mm y CP, desl 10 p reservados del delantero derecho a la aguja, recoja y d16 (16: 18: 18) p suba por el delantero derecho del cuello, d33 (35: 35: 37) p de la espalda, 16 (16: 18: 18) p baje por el delantero izquierdo del cuello, d10 p del delantero izquierdo en espera. 85 (87: 91: 93) p.

Vuelta sig (revés) D1, * r1, d1; rep desde * hasta el final.

Esta vuelta establece el elástico.

Sig 2 vueltas Elástico hasta los últimos 26 p, dé la vuelta.

Sig 2 vueltas Elástico hasta los últimos 20 p, dé la vuelta.

Sig 2 vueltas Elástico hasta los últimos 14 p, dé la vuelta.

Sig 2 vueltas Elástico hasta los últimos 8 p, dé la vuelta.

Vuelta sig Elástico hasta el final.

Cierre 4 p al principio de las sig 2 vueltas.

Trabaje 14 (16: 16: 18) vueltas más.

Corte el hilo.

Del derecho, con agujas de 3 mm y CP, recoja y d12 (14: 14: 16) p a lo largo de los remates del cuello, d a través de los p del cuello; después recoja y d12 (14: 14: 16) p a lo largo de los remates del cuello.

Vuelta sig D12 (14: 14: 16), laz, d hasta últimos 12 (14: 14: 16) p, laz, d hasta el final.

Cambie a CC.

Vuelta sig D hasta el final.

Vuelta sig D12 (14: 14: 16), laz, d hasta últimos 12 (14: 14: 16) p, laz, d hasta el final.

Cierre.

confección

Cosa las mangas a las sisas, con los remates sobre las marcas cosidas a los puntos cerrados bajo el brazo.

Una las costuras laterales y las de las mangas. Cosa los botones. Cosa los remates del borde del cuello.

manta
reversible

tamaño

Aproximadamente 100 x 100 cm

materiales

13 ovillos de 50 g de Debbie Bliss Cashmerino Aran en color piedra (A) y en azul (B) y 1 ovillo
en color chocolate (C) para los puntos del borde
Aguja circular de 5 mm

muestra

18 p y 24 vueltas para un cuadrado de 10 x 10 cm en p de media con agujas de 5 mm

abreviaturas

Véase pág. 25

primera cara

Con una aguja circular de 5 mm y A, monte 175 p.

Trabaje toda la labor en vueltas de atrás hacia delante, 5 vueltas d.

Trabaje según patrón del siguiente modo:

Vuelta 1 (derecho) D7, (r1, d7) hasta los últimos 8 p, r1, d7.

Vuelta 2 D3, r3, (d1, r1, d1, r5) hasta los últimos 9 p, d1, r1, d1, r3, d3.

Vuelta 3 D5, (r1, d3) hasta últimos 6 p, r1, d5.

Vuelta 4 D3, r1, (d1, r5, d1, r1) hasta los últimos 3 p, d3.

Vuelta 5 D3, r1, (d7, r1) hasta los últimos 3 p, d3.

Vuelta 6 como la vuelta 4.

Vuelta 7 como la vuelta 3.

Vuelta 8 como la vuelta 2.

Estas 8 vueltas forman el patrón con borde en p bobo.

Cont según el patrón hasta que la labor mida 98 cm desde el principio, termine con una vuelta del derecho.

D 5 vueltas.

Cierre.

segunda cara

Con una aguja circular de 5 mm y B, monte 175 p.

Trabaje toda la labor en vueltas de detrás hacia delante, 5 vueltas d.

Emp según el patrón como sigue:

Vuelta 1 (derecho) D3, (r1, d7) hasta los últimos 4 p, r1, d3.

Vuelta 2 D3, (r7, d1) hasta los últimos 4 p, r1, d3.

Vuelta 3 D5, (r1, d7) hasta últimos 10 p, r1, d9.

Vuelta 4 D3, r5, (d1, r7) hasta los últimos 7 p, d1, r3, d3.

Vuelta 5 D7, (r1, d7) hasta el final.

Vuelta 6 D3, r3, (d1, r7) hasta los últimos 9 p, d1, r5, d3.

Vuelta 7 D9, (r1, d7) hasta los últimos 6 p, r1, d5.

Vuelta 8 D3, r1, (d1, r7) hasta los últimos 3 p, d3.

Estas 8 vueltas forman el patrón con borde en p bobo.

Cont según el patrón hasta que la labor mida 98 cm desde el principio, termine con una vuelta del derecho.

D 5 vueltas.

Cierre.

confección

Con las dos partes del revés juntas, una la primera y la segunda cara.

acabado

Con dos hebras de C juntas, remate los bordes con punto de festón.

patucos
rematados con punto de festón

tamaño

Para edades de 3-6 meses

materiales

1 ovillo de 50 g de Debbie Bliss Baby Cashmerino en azul pálido (A) y un poco en color chocolate (B)
para los detalles en punto de festón celeste

Agujas de 2 ¾ mm

muestra

28 p y 50 vueltas para un cuadrado de 10 x 10 cm en p bobo con agujas 2 ¾ mm

abreviaturas

Véase pág. 25

patucos

Con agujas de 2 ¾ mm y A, monte 36 p.

D 36 vueltas.

Empeine

Vuelta sig D23, dé la vuelta.

Vuelta sig D10, dé la vuelta.

Trabaje 24 vueltas en p bobo en los 10 p. del centro.

Vuelta sig D1, ppde, d hasta los últimos 3 p, d2jun, d1.

D 1 vuelta.

Corte el hilo.

Del derecho, una el hilo en la base del empeine y recoja y d13 p a lo largo de un lado del empeine,
d a través de 8 p centro, después recoja y d13 a lo largo del otro lado del empeine. **34 p.**

Emp con una vuelta r, trabaje 5 vueltas en p de media en estos 34 p.

Vuelta sig (D sig p jun con correspondientes p 5 vueltas por debajo) 34 veces, después d hasta el final.

Vuelta sig D hasta el final. **60 p.**

D 12 vueltas.

Emp con una vuelta d, trabaje 7 vueltas en p de media.

Vuelta sig (R sig p jun con correspondiente p 7 vueltas por debajo) hasta el final.

Corte el hilo.

Planta

Vuelta sig Desl primeros 25 p a la aguja derecha, una el hilo y d10 p, dé la vuelta.

Vuelta sig D9, d2jun, dé la vuelta.

Rep la última vuelta hasta 20 p rest.

Cierre.

acabado

Una la costura trasera, y con ella en el centro del borde, una la costura del talón.

Con B, remate la vuelta en punto de festón.

conejito
con detalles en punto de festón

tamaño

Aproximadamente 25 cm de altura

materiales

2 ovillos de Debbie Bliss Baby Cashmerino en azul celeste (A) y un poco en color chocolate (B) para bordar
y de color crudo (C) para el pompón de la cola

Agujas de 2 ¾ mm

Relleno lavable para juguetes (*véase* nota página 57)

10 x 10 cm de fieltro en color chocolate

muestra

28 p y 58 vueltas para un cuadrado de 10 x 10 cm en punto bobo con agujas de 2 ¾ mm

abreviaturas

Hdtl = hilo detrás de la labor entre las dos agujas

Hdl = hilo delante de la labor entre dos agujas

Desld2junde –deslice 2 p jun, d1, pase el deslizado por encima del punto

Véase también pág. 25

cuerpo (espalda)

(Trabajada desde el borde del cuello)

Con agujas de 2 ¾ mm y A, monte 12 p y d una vuelta.

Hombros

Vuelta sig (D2, laz) 2 veces, d4, (laz, d2) 2 veces. 16 p.

D 1 vuelta.

Vuelta sig D3, laz, d2, laz, d6, laz, d2, laz, d3. 20 p.

D 5 vueltas.

Vuelta sig D1, laz, d hasta el último p, laz, d1. 22 p.

D 5 vueltas **.

Rep las últimas 6 vueltas 5 veces más. 32 p.

Base

Vuelta sig D1, (desl2d, k11, d2jun) 2 veces, d1. 28 p.

D 1 vuelta.

Vuelta sig D1, (desl2d, d9, d2jun) 2 veces, d1. 24 p.

D 1 vuelta.

*** **Vuelta sig** D1, (desl2d, d7, d2jun) 2 veces, d1. 20 p.

D 1 vuelta.

Cont dis 4 p de esta forma en cada vuelta alterna hasta 8 p rest.

Vuelta sig D1, des 1, d2jun, ppde, d3jun, d1. 4 p.

Vuelta sig (d2jun) 2 veces. 2 p.

Vuelta sig D2jun y remate.

cuerpo (delantero)

Trabaje como cuerpo (espalda) hasta **

Vuelta sig D1, laz, d hasta el último p, laz, d1. 24 p.

D 5 vueltas.

Vuelta sig D1, laz, d10, laz, d2, laz, d10, laz, d1. 28 p.

D 5 vueltas.

Vuelta sig D1, laz, d10, laz, d6, laz, d10, laz, d1. 32 p.

D 5 vueltas.

Vuelta sig D1, laz, d hasta el último p, laz, d1. 34 p.

D 5 vueltas.

Rep las últimas 6 vueltas una vez más. 36 p.

Vuelta sig D1, desl2d, d6, (desl2d, d5, d2jun) 2 veces, d6, d2jun, d1. 30 p.

D 1 vuelta.

Vuelta sig D1, desl2d, d5, (desl2d, d3, d2jun) 2 veces, d5, d2jun, d1. 24 p.

D 1 vuelta.

Ahora trabaje como en cuerpo (espalda) desde *** hasta el final.

cabeza

Con agujas de 2 ¾ mm y A, monte 4 p.

Vuelta 1 D.

Vuelta 2 D1, (laz, d1) hasta el final. 7 p.

Rep estas 2 vueltas una vez más. 13 p.

Vueltas 5, 7, 9 y 11 D.

Vuelta 6 (D1, laz, d5, laz) 2 veces, d1. 17 p.

Vuelta 8 D1, laz, d6, laz, d3, laz, d6, laz, d1. 21 p.

Vuelta 10 D1, laz, d7, laz, d5, laz, d7, laz, d1. 25 p.

Vuelta 12 D1, laz, d8, laz, d7, laz, d8, laz, d1. 29 p.

D 2 vueltas.

Vuelta 15 D2 (desl2d, d1) 3 veces, d8, (d2jun, d1) 3 veces, d1. 23 p.

Vuelta 16 D4, laz, d3, laz, d9, laz, d3, laz, d4. 27 p.

D 3 vueltas.

Vuelta 20 (D4, laz) 2 veces, d11, (laz, d4) 2 veces. 31 p.

D 3 vueltas.

Vuelta 24 D4, laz, d5, laz, d13, laz, d5, laz, d4. 35 p.

D 1 vuelta.

Vuelta 26 D4, laz, d6, laz, d15, laz, d6, laz, d4. 39 p.

D 1 vuelta.

Vuelta 28 D4, laz, d7, laz, d17, laz, d7, laz, d4. 43 p.

D 1 vuelta.

Vuelta 30 D3, (laz, d4) 3 veces, laz, d13, laz, (d4, laz) 3 veces, d3. 51 p.

D 12 vueltas.

Vuelta 43 D9, d2jun, (d8, d2jun) 4 veces. 46 p.

D 1 vuelta.

Vuelta 45 D8, d2jun, (d7, d2jun) 4 veces. 41 p.

D 1 vuelta.

Vuelta 47 D7, d2jun, (d6, d2jun) 4 veces. 36 p.

D 1 vuelta.

Dis 5 p de esta forma en la sig vuelta y en las 4 sig vueltas alternas. 11 p.

D 1 vuelta.

Vuelta sig Des 1, d2jun, ppde, (d2jun) 4 veces. 5 p.

Corte el hilo, enhébrelo y páselo por los p res, estire y remate.

Una la costura y deje una abertura. Rellene con cuidado y cosa la abertura.

orejas (para 2)

Con agujas de 2 ¾ mm y A, monte 15 p.

D 1 vuelta.

**2 vueltas sig D2, hdl, desl 1, dé una vuelta, hdl, desl 1, hdtl, d2.

2 vueltas sig D4, hdl, desl 1, dé una vuelta, hdl, desl 1, hdtl, d4.

2 vueltas sig D6, hdl, desl 1, dé una vuelta, hdl, desl 1, hdtl, d6.

2 vueltas sig D7, hdl, desl 1, dé una vuelta, hdl, desl 1, hdtl, d7.

D 1 vuelta a través de todos los p **.

Rep desde ** hasta ** 1 vez más.

D 48 vueltas.

Vuelta sig D1, ppde, d hasta los últimos 3 p, d2jun, d1.

D 3 vueltas.

Rep las últimas 4 vueltas 1 vez más. 11 p.

Vuelta sig D1, ppde, d hasta los últimos 3 p, d2jun, d1.

D 1 vuelta.

Rep las últimas 2 vueltas 2 veces más. 5 p.

Vuelta sig D1, desd2junde y remate.

Doble por la mitad el borde montado y únalo.

Vuelta sig desd2junde y remate.

Con B, trabaje en punto de festón alrededor de los bordes de cada oreja.

patas (para 2)

Con agujas de 2 ¾ mm y A, monte 15 p.

D 1 vuelta.

Vuelta 2 D1, laz, d4, laz, d1, laz, d3, laz, d1, laz, d4, laz, d1. 21 p.

D 1 vuelta.

Vuelta 4 D1, laz, d6, laz, d2, laz, d3, laz, d2, laz, d6, laz, d1. 27 p.

D 1 vuelta.

Vuelta 6 D9, laz, d3, (laz, d1) 3 veces, laz, d3, laz, d9. 33 p.

D 9 vueltas.

Vuelta 16 D12, desl2d, d5, d2jun, d12. 31 p.

D 1 vuelta.

Vuelta 18 D12, desl2d, d3, d2jun, d12. 29 p.

D 1 vuelta.

Vuelta 20 D12, desl2d, d1, d2jun, d12. 27 p.

D 1 vuelta.

Vuelta 22 D11, desl2d, d1, d2jun, d11. 25 p.

D 1 vuelta.

Vuelta 24 D10, desl2d, d1, d2jun, d10. 23 p.

D 1 vuelta.

conejito

Vuelta 26 D9, desl2d, d1, d2jun, d9. **21 p.**

D 29 vueltas.

Vuelta 56 D4, desl2d, d9, d2jun, d4. **19 p.**

D 1 vuelta.

Vuelta 58 D4, desl2d, d7, d2jun, d4. **17 p.**

D 1 vuelta.

Vuelta 60 D2, desl2d, d2jun, d5, desl2d, d2jun, d2. **13 p.**

D 1 vuelta.

Vuelta 62 D1, desl2d, d2jun, desd2junde, desl2d, d2jun, d1. **7 p.**

D 1 vuelta.

Vuelta 64 D1, desl2d, d1, d2jun, d1. **5 p.**

Corte el hilo, enhébrelo y páselo por los p res, estire y remate.

brazos (para 2)

Con agujas de 2 ¾ y A, monte 7 p.

D 1 vuelta.

Vuelta 2 (D1, laz, d2, laz) 2 veces, d1. **11 p.**

D 1 vuelta.

Vuelta 4 D1, laz, (d3, laz) 3 veces, d1. **15 p.**

D 1 vuelta.

Vuelta 6 D1, laz, d4, laz, d5, laz, d4, laz, d1. **19 p.**

D 1 vuelta.

Vuelta 8 D1, laz, d17, laz, d1. **21 p.**

D 1 vuelta.

Vuelta 10 D1, laz, d7, desl2d, d1, d2jun, d7, laz, d1. **21 p.**

D 1 vuelta.

Rep las 2 últimas vueltas 1 vez más.

Vuelta 14 D8, desl2d, d1, d2jun, d8. **19 p.**

D 1 vuelta.

Vuelta 16 D7, desl2d, d1, d2jun, d7. **17 p.**

D 24 vueltas.

Vuelta 41 D2, desl2d, d2jun, d5, desl2d, d2jun, d2. **13 p.**

D 1 vuelta.

Vuelta 43 D1, desl2d, d2jun, desd2junde, desl2d, d2jun, d1. **7 p.**

D 1 vuelta.

Vuelta 45 D1, desl2d, d1, d2jun, d1. **5 p.**

Corte el hilo, enhébrelo y páselo por los p res, estire y remate.

confección

Una la espalda con el delantero y deje el borde del cuello abierto. Rellene bien y pase una hebra alrededor del borde del cuello, tire ligeramente y asegúrelo. Cosa las orejas a la cabeza. Borde los ojos, el hocico y la boca con B. Cosa la cabeza al cuerpo por el cuello. Doble por la mitad cada brazo y cada pata, una la costura dejando una abertura, rellene bien y cierre la abertura. Cosa los brazos y las patas al cuerpo. Utilice la plantilla de la planta del osito de la página 210, corte 2 plantas de fieltro color chocolate y cósalas a los pies. Con B, haga los dedos y las pezuñas en las patas y en los brazos. Confeccione un pequeño pompón en C y cóselo al cuerpo.

chaqueta
con margaritas

medidas

Para edades de 0-3 (3-6: 6-9: 9-12: 12-18: 18-24) meses

medidas reales

Pecho 49 (53: 57: 61: 65: 69) cm

Largo de hombro 21 (24: 26: 28: 32: 36) cm

Largo de manga 13 (15: 17: 19: 22: 24) cm

materiales

5 (5: 6: 6: 7: 8) ovillos de 50 g de Debbie Bliss Cotton Double Knitting en verde claro

Lana que contraste para bordar los adornos

Agujas de 3 ¼ mm y 4 mm

5 (6: 6: 7: 7) botones

muestra

20 p y 32 vueltas para un cuadrado de 10 x 10 cm en punto de arroz con agujas de 4 mm

abreviaturas

Véase pág. 25

espalda

Con agujas de 3 ¼ mm, monte 51 (55: 59: 63: 67: 71) p.

D 5 vueltas.

Cambie a agujas de 4 mm.

Vuelta p de arroz * R1, d1; rep desde * hasta el último p, r1.

Esta vuelta forma el p de arroz y se repite.

Trabaje 3 vueltas más.

Vuelta ojete P arroz 1 (3: 5: 1: 3: 5), past, d2jun, * p de arroz 4, past, d2jun, rep desde *
hasta último 0 (2: 4: 0: 2: 4) p, p de arroz 0 (2: 4: 0: 2: 4).

Cont en p de arroz hasta que la espalda mida 12 (14: 15: 16: 19: 22) cm desde el principio,
acabe con una vuelta del revés.

Sisas

Cierre 4 p al principio de la sig 2 vueltas. **43 (47: 51: 55: 59: 63) p.**

Cont de este modo hasta que la espalda mida 21 (24: 26: 28: 32: 36) cm desde el principio,
termine con una vuelta del revés.

Hombros

Cierre 10 (11: 13: 14: 16: 17) p al principio de las sig 2 vueltas.

Cierre rest 23 (25: 25: 27: 27: 29) p.

delantero izquierdo

Con agujas de 3 ¼ mm, monte 28 (30: 32: 34: 36: 38) p.

D 5 vueltas.

Cambie a agujas de 4 mm.

Vuelta 1 (del derecho) * R1, d1; rep desde * hasta últimos 6 p, r1, d5.

Vuelta 2 D5, r1, * d1, r1; rep desde * hasta el final.

Estas 2 vueltas enlazan el p de arroz con el p bobo en los bordes.

Trabaje 2 vueltas más.

Vuelta ojete P de arroz 1 (3: 5: 1: 3: 5), past, r2jun, * p de arroz 4, past, r2jun; rep desde *
hasta últimos 7 p, d1, r1, d5.

Cont con p de arroz con p bobo en el borde hasta que el delantero mida 12 (14: 15: 16: 19: 22) cm
desde el principio, acabe con una vuelta del revés.

Sisa

Cierre 4 p al principio de sig vuelta **24 (26: 28: 30: 32: 34) p.**

Cont así hasta que el delantero mida 17 (20: 21: 23: 26: 30) cm desde el principio, termine con una vuelta
del revés.

Cuello

Vuelta sig Patrón hasta últimos 7 (7: 8: 8: 9: 9) p, deje estos p en espera para el cuello.

Dis 1 p en el borde del cuello en cada vuelta hasta 10 (11: 13: 14: 16: 17) p rest.

Cont hasta que el delantero mida lo mismo que la espalda, termine en el borde de la sisa.

Hombro

Cierre

Marque el lugar donde debe colocar los 5 (6: 6: 6: 7: 7) botones, el primero en la vuelta ojete,
el último 1 cm por debajo del borde del cuello, con los rest 3 (4: 4: 4: 5: 5) equidistantes.

delantero derecho

Con agujas de 3 ¼ mm, monte 28 (30: 32: 34: 36: 38) p.

D 5 vueltas.

Cambie a agujas de 4 mm

Vuelta 1 (del derecho) D5, r1, * d1, r1; rep desde * hasta el final.

Vuelta 2 * R1, d1; rep desde * hasta últimos 6 p, r1 d5.

Estas 2 últimas vueltas enlazan el p de arroz con el p bobo en los bordes.

Trabaje 2 vueltas más.

Vuelta ojete y ojales (del derecho) D1, d2jun, hsa, d2, r1, d1, hsa, ppde, * p arroz 4, hsa, ppde; rep desde *

hasta últimos 1 (3: 5: 1: 3: 5) p, p de arroz 1 (3: 5: 1: 3: 5) p.

Cont con p de arroz con p bobo en los bordes, trabaje ojales sobre las marcas del delantero izquierdo

hasta que el delantero mida 12 (14: 15: 16: 19: 22) cm desde el principio, termine con una vuelta del derecho.

Sisa

Cierre 4 p al principio de sig vuelta. 24 (26: 28: 30: 32: 34) p.

Cont así hasta que el delantero mida 17 (20: 21: 23: 26: 30) cm desde el principio, termine con una vuelta del revés.

Cuello

Vuelta sig Patrón 7 (7: 8: 8: 9: 9) p, deje estos p en espera para el cuello, patrón hasta el final.

Dis 1 p en el borde del cuello en cada vuelta hasta 10 (11: 13: 14: 16: 17) p rest.

Cont hasta que el delantero mida lo mismo que la espalda, termine en el borde de la sisa.

Hombro

Cierre.

mangas

Con agujas de 3 ¼ mm, monte 29 (31: 33: 35: 37: 39) p.

D 5 vueltas.

Cambie a agujas de 4 mm.

Vuelta p de arroz (del derecho) R1, * d1, r1; rep desde * hasta el final.

Esta vuelta **forma** el p de arroz y se repite.

Trabaje 3 vueltas más.

Sólo tamaños 1, 3, 4 y 6

Vuelta ojete P de arroz 1 (-: 3: 1: -: 3), past, r2jun, * p de arroz 4, past, r2jun; rep desde *

hasta últimos 2 (-: 4: 2: -: 4) p, p de arroz 2 (-: 4: 2: -: 4).

Sólo tamaños 2 y 5

Vuelta ojete P de arroz – (2: -: -: 2: -), hsa, ppde, *p de arroz 4, hsa, ppde; rep desde *

hasta últimos –(3: -: -: 3: -) p, p de arroz – (3: -: -3: -).

Todos los tamaños

Cont en p de arroz y aum 1 p en los extremos de la sig vuelta y en las sig sexta

(sexta: sexta: sexta: sexta: octava) vueltas hasta conseguir 37 (41: 45: 49: 53: 55) p,

haciendo todos los p aum en p de arroz.

Cont así hasta que la manga mida 13 (15: 17: 19: 22: 24) cm desde el principio, acabe con una vuelta del revés.

Marque los extremos de la última vuelta con un hilo de color.

Trabaje 6 vueltas.

Cierre.

cuello

Cosa la costura de los hombros.

Por el derecho y con agujas de 3 ¼ mm, desl 7 (7: 8: 8: 9: 9) p del delantero derecho del cuello en espera a una aguja, recoja y d13 (13: 15: 15: 17: 17) p suba por el cuello del delantero derecho, d29 (31: 31: 33: 33: 35) p desde el borde posterior del cuello, recoja y d13 (13: 15: 15: 17: 17) p baje por el cuello delantero izquierdo, p de arroz 2 (2: 3: 3: 4: 4) p, luego d5 desde delantero izquierdo en espera. **69 (71: 77: 79: 85: 87) p.**

Cont en p de arroz con 5 p en p bobo para los bordes.

2 vueltas sig Patrón hasta últimos 20 p, dé la vuelta.

2 vueltas sig Patrón hasta últimos 16 p, dé la vuelta

2 vueltas sig Patrón hasta últimos 12 p, dé la vuelta

2 vueltas sig Patrón hasta últimos 8 p, dé la vuelta

Vuelta sig (del revés) Patrón hasta el final.

Cierre 3 p al principio de las sig 2 vueltas. **63 (65: 71: 73: 79: 81) p.**

Cont en p de arroz con 2 p en p bobo para los bordes.

Trabaje así hasta tener 4 (4: 4: 5: 5: 5) cm, acabe con 1 vuelta en el revés del cuello.

Vuelta ojete (del derecho del cuello) D2, p de arroz 2, hsa, d2jun, patrón hasta últimos 6 p, d2jun, hsa, p de arroz 2, d2.

Trabaje 2 vueltas

D 3 vueltas.

Cierre.

confección

Con color que contraste, trabaje p ojales alrededor de cada uno de ellos y de cada ojete. Cosa las mangas a las sisas con remates en las marcas de color cosidas a los puntos bajo el brazo. Una y cosa las mangas. Cosa los botones.

gorro reversible

tamaños
Para edades de 3-6 (9-12) meses

materiales
1 (2) ovillos de 50 g de Debbie Bliss Baby Cashmerino en verde lima (A) y en gris (B)
Agujas de 3 ¼ mm.

muestra
26 p y 34 vueltas para un cuadrado de 10 x 10 cm en elástico 3 x 1 y 28 p y 34 vueltas para otra muestra de 10 x 10 cm en elástico 1 x 1 con agujas de 3 ¼ mm

abreviaturas
Véase pág. 25

gorro interior/exterior

Con agujas de 3 ¼ mm y A, monte 98 (106) p.

Vuelta 1 (del derecho) * D3, r1; rep desde * hasta últimos 2 p, d2.

Vuelta 2 Revés.

Rep estas 2 vueltas hasta que el gorro mida 14 (15) cm, termine con una vuelta r.

Vuelta 1 dis (del derecho) * D3, r1, d1, d2jun, r1; rep desde * hasta últimos 2 p, d2. 86 (93) p.

Siga patrón 3 vueltas.

Vuelta 2 dis * D1, d2jun, r1, d2, r1; rep desde * hasta últimos 2 p, d2. 74 (80) p.

Siga patrón 3 vueltas.

Vuelta 3 dis * D2, r1, d2jun, r1; rep desde * hasta últimos 2 p, d2. 62 (67) p.

Siga patrón 3 vueltas.

Vuelta 4 dis * D2jun, r1, d1, r1; rep desde * hasta últimos 2 p, d2. 50 (54) p.

R 1 vuelta.

Vuelta 5 dis D1, * d2jun, r1, d1; rep desde * hasta último p, d1. 38 (41) p.

R 1 vuelta.

Vuelta 6 dis * D2jun, r1; rep desde * hasta últimos 2 p, d2. 26 (28) p.

R 1 vuelta.

Vuelta 7 dis D1, * d2jun; rep desde * hasta último p, d1. 14 (15) p.

R 1 vuelta.

Vuelta 8 dis D1, * d2jun; rep desde * hasta último p, d1 (0). 8 p.

Corte el hilo, páselo por los p rest, tire, asegure y una la costura.

gorro exterior/interior

Con agujas de 3 ¼ mm y B, monte 104 (112) p.

Vuelta 1 (del derecho) *D1, r1; rep desde * hasta el final.

Vuelta 2 Revés.

Rep estas 2 vueltas hasta que el gorro mida 14 (15) cm, termine con una vuelta r.

Vuelta 1 dis (del derecho) * (D1, r1) 2 veces, d1, d2jun, r1; rep desde * hasta el final. 91 (98) p.

3 vueltas según patrón.

Vuelta 2 dis * D1, d2jun, r1, d2, r1; rep desde * hasta el final. 78 (84) p.

3 vueltas según patrón.

Vuelta 3 dis * D2, r1, d2jun, r1; rep desde * hasta el final. 65 (70) p.

3 vueltas según patrón.

Vuelta 4 dis * D2jun, r1, d1, r1; rep desde * hasta el final. 52 (56) p.

R 1 vuelta.

Vuelta 5 dis * D1, d2jun, r1; rep desde * hasta el final. 39 (42) p.

R 1 vuelta.

Vuelta 6 dis * D2jun, r1; rep desde * hasta el final. 26 (28) p.

R 1 vuelta.

Vuelta 7 dis D1, * d2jun; rep desde * hasta último p, d1. 14 (15) p.

R 1 vuelta.

Vuelta 8 dis D0 (1), *d2jun; rep desde * hasta el final. 7 (8) p.

Corte el hilo, páselo por los p rest, tire, asegure y una la costura.

confección

Dé la vuelta al gorro interior/exterior del revés; colóquelo en el gorro exterior/interior, y deslizando los puntos, una las dos partes del gorro alrededor de los bordes. Doble el borde.

jersey con cuello esmoquin

medidas

Para edades de 3-6 (6-9: 9-12: 12-18: 18-24) meses

medidas reales

Pecho 50 (53: 60: 63: 70) cm

Largo de hombro 24 (26: 29: 32: 36) cm

Largo de manga (con el puño doblado) 14 (16: 18: 20: 22) cm

materiales

3 (4: 5: 5: 6) ovillos de 50 g de Debbie Biss Cashmerino Aran en color piedra

Agujas de 4 ½ y de 5 mm

muestra

24 p y 24 vueltas para un cuadrado de 10 x 10 cm en elástico ligeramente estirado y con agujas de 5 mm

abreviaturas

Véase pág. 25

espalda

Con agujas de 5 mm, monte 62 (66: 74: 78: 86) p.

Vuelta 1 (del derecho) D2, * r2, d2; rep desde * hasta el final.

Vuelta 2 R2, * d2, r2; rep desde * hasta el final.

Estas 2 vueltas forman el elástico.

Cont en p elástico hasta que la espalda mida 14 (15: 17: 18: 21) cm desde el principio, termine con una vuelta del revés.

Sisas

Cierre 3 p al principio de sig 2 vueltas. 56 (60: 68: 72: 80) p. **

Cont en p elástico hasta que la espalda mida 24 (26: 29: 32: 36) cm desde el principio, termine con una vuelta del revés.

Hombros

Vuelta sig Cierre 17 (18: 21: 22: 25) p, elástico hasta últimos 17 (18: 21: 22: 25) p y cierre estos p.

Deje rest 22 (24: 26: 28: 30) p en espera para el cuello.

delantero

Trabaje igual que en espalda hasta **.

Cuello

Vuelta sig Patrón 21 (23: 27: 29: 33) p, dé la vuelta y trabaje sólo en estos p para la primera parte del cuello.

Trabaje 1 vuelta.

Dis 1 p en el borde del cuello en la sig vuelta y 3 (4: 5: 6: 7) en las sig 4.ª vueltas. 17 (18: 21: 22: 25) p.

Trabaje así hasta que el delantero mida lo mismo que la espalda, termine con una vuelta del revés.

Cierre.

Del derecho, una el hilo a los p rest, cierre 14 p, patrón hasta el final.

Finalice de manera que quede igual que la primera parte del cuello.

mangas

Con agujas de 5 mm, monte 42 (46: 50: 54: 58) p.

Vuelta 1 (del derecho) D2, * r2, d2; rep desde * hasta el final.

Vuelta 2 R2, * d2, r2; repetir desde * hasta el final.

Estas 2 vueltas **forman** el elástico.

Trabaje 6 vueltas en p elástico.

Cambie a agujas de 4 ½ mm.

Trabaje 8 vueltas en p elástico.

Cambie a agujas de 5 mm.

Cont en p elástico, aum 1 p en los 2 extremos de la quinta vuelta y cada cuarta vuelta sig hasta
tener 54 (60: 66: 74: 78) p.

Cont así hasta que la manga mida 19 (21: 23: 25: 27) cm desde el principio, termine con una vuelta del revés.

Coloque marcas en ambos extremos de la última vuelta.

Trabaje 4 vueltas.

Cierre.

**cuello
esmoquin**

Del derecho y con agujas de 4 ½ mm, una el hilo a 22 (24: 26: 28: 30) p en la parte posterior del cuello,
monte 4 (5: 4: 5: 4) p, d2, r2, d0 (1: 0: 1: 0) a través de estos p, elástico hasta el final.

Vuelta sig (del revés) Monte 4 (5: 4: 5: 4) p, r2, d2, r0 (1: 0: 1: 0) a través de estos p, elástico hasta el final.

Vuelta sig Monte 4 p, r2, d2, a través de estos 4 p, elástico hasta el final.

Vuelta sig Monte 4 p, d2, r2, a través de estos 4 p, elástico hasta el final.

Rep las 2 últimas vueltas 4 veces más. **70 (74: 74: 78: 78) p.**

Elástico 10 vueltas.

Cambie a agujas de 5 mm.

Elástico 2 vueltas.

Cierre en elástico con punto suelto pero uniforme.

confección

Cosa la costura de los hombros. Cosa las mangas a las sisas con los remates en las marcas cosidas
a los puntos cerrados bajo el brazo. Una y cosa las mangas y haga la costura por el lado contrario
en la parte que corresponde a los puños. Cosa el cuello al escote, solape la parte derecha del cuello
a la izquierda y cosa los remates del cuello a los delanteros.

abrigode lana

medidas

Para edades de 3-6 (6-12: 12-18: 24-36) meses

medidas reales

Pecho 60 (64: 68: 71) cm

Largo 36 (39: 43: 50) cm

Largo de manga 16 (18: 20: 23) cm

materiales

8 (8: 9: 10) ovillos de 50 g de Debbie Bliss Bella en color chocolate

Agujas de 3 ¼ y 3 ¾ mm

4 (4: 4: 6) botones

114 cm de cinta de terciopelo de 15 mm de ancho

muestra

22 p y 36 vueltas para un cuadrado de 10 x 10 cm en p de arroz con agujas de 3 ¾ mm

abreviaturas

Véase pág. 25

espalda

Con agujas de 3 ¼ mm, monte 103 (109: 115: 121) p.

D 3 vueltas.

Cambie a agujas de 3 ¾ mm.

Vuelta sig R1, * d1, r1; rep desde * hasta el final.

Esta vuelta **forma** el p de arroz.

Cont en p de arroz hasta que la espalda mida 21 (23: 26: 32) cm desde el principio, termine con una vuelta del revés.

Vuelta dis P de arroz 2, * trabaje 3 jun, p de arroz 3; rep desde * hasta últimos 5 p, trabaje 3 jun, p de arroz 2. 69 (73: 77: 81) p.

Cambie a agujas de 3 ¼ mm.

Cont en p de arroz hasta que la espalda mida 26 (28: 31: 37) cm desde el principio, termine con una vuelta del revés.

Sisas

Cierre 5 (6: 7: 8) p al principio de las sig 2 vueltas. 59 (61: 63: 65) p.

Cont así hasta que la espalda mida 36 (39: 43: 50) cm desde el principio, termine con una vuelta del revés.

Hombros

Cierre 10 p al principio de las sig 2 vueltas y 10 (10: 10: 11) p al principio de las sig 2 vueltas.

Cierre rest 19 (21: 23: 23) p.

delantero izquierdo

Con agujas de 3 ¼ mm, monte 57 (59: 65: 67) p.

D 3 vueltas.

Cambie a agujas de 3 ¾ mm.

Vuelta sig (derecho) * D1, r1, d1; rep desde * hasta últimos 3 p, d3.

Vuelta sig D3, * r1, d1; rep desde * hasta el final.

Estas 2 vueltas enlazan el p de arroz con el p bobo en los bordes.

Cont según patrón hasta que el delantero mida 21 (23: 26: 32) cm desde el principio, acabe con una vuelta del revés.

Vuelta dis P de arroz 3, (trabaje 3 jun, p de arroz 3) 6 (6: 7: 7) veces, p de arroz hasta últimos 3 p, d3. 45 (47: 51: 53) p.

Cambie a agujas de 3 ¼ mm.

Cont en p de arroz hasta que el delantero mida 26 (28: 31: 37) cm desde el principio, termine con una vuelta del revés.

Sisa

Cierre 5 (6, 7, 8) p al principio de la sig vuelta. 40 (41: 44: 45) p.

Cont así hasta que el delantero mida 27 (29: 33: 40) cm desde el principio, termine con una vuelta del revés.

Cuello

Vuelta sig (derecho) P de arroz hasta últimos 3 p, dé la vuelta y deje estos 3 p en un imperdible para el cuello izquierdo.

Dis 1 p en el borde del cuello en cada vuelta hasta 20 (20: 20: 21) p rest.

Cont así hasta que el delantero mida lo mismo que la espalda, termine en la cara exterior.

Hombro

Cierre 10 p al principio de la vuelta sig.

Trabaje 1 vuelta.

Cierre rest 10 (10: 10: 11) p.

Marque posición de los botones, el primer par alineado con la primera vuelta de p de arroz, el segundo (segundo: segundo: tercero) par 1 cm debajo del cuello y el restante 0 (0: 0: 1) equidistante entre ambos.

delantero derecho

Con agujas de 3 ¼ mm, monte 57 (59: 65: 67) p.

D 3 vueltas.

Cambie a agujas de 3 ¾ mm.

Vuelta sig (derecho) * D3, r1, d1; rep desde * hasta el final.

Vuelta sig D1, r1; rep desde * hasta últimos 3 p, d3.

Estas 2 vueltas enlazan el p de arroz con el p bobo en los bordes.

Cont según patrón hasta que el delantero mida 21 (23: 26: 32) cm desde el principio, acabe con una vuelta del revés.

Cambie a agujas de 3 ¼ mm.

Vuelta sig D3, hd, trabaje 2 jun, p de arroz 10 (12: 12: 14), trabaje 2 jun, hd, p de arroz 2, dé la vuelta y cont sólo en estos 19 (21: 21: 23) p.

Trabaje 6 vueltas más (hasta abertura vertical) en estos p.

Deje estos p en una aguja auxiliar.

Del derecho, una hilo a rest 38 (38: 44: 44) p y trabaje del siguiente modo:

Vuelta sig (Trabaje 3 jun, p de arroz 3) 6 (6: 7: 7) veces, p de arroz 2. 26 (26: 30: 30) p.

Trabaje 6 vueltas más en estos p.

Vuelta sig (revés) P de arroz hasta el final, después p de arroz en p de aguja auxiliar. 45 (47: 51: 53) p.

Siga haciendo 1 (1: 1: 2) pares de ojales según las marcas.

Cont en p de arroz hasta que el delantero mida 26 (28: 31: 37) cm desde el principio, termine con una vuelta del derecho.

Sisa

Cierre 5 (6: 7: 8) p al principio de la sig vuelta. 40 (41: 44: 45) p.

Cont así hasta que el delantero mida 27 (29: 33: 40) cm desde el principio, termine con una vuelta del revés.

Cuello

Vuelta sig (derecho) D3, deje estos p en un imperdible para el cuello derecho, p de arroz hasta el final.

Dis 1 p en el borde del cuello en cada vuelta hasta 20 (20: 20: 21) p rest.

Cont así hasta que el delantero mida lo mismo que la espalda, termine en la cara exterior.

Hombro

Cierre 10 p al principio de la vuelta sig.

Trabaje 1 vuelta.

Cierre rest 10 (10: 10: 11) p.

mangas

Con agujas de 3 ¼ mm, monte 31 (33: 37: 39) p.

D 3 vueltas.

Cambie a agujas de 3 ¾ mm.

Vuelta sig R1, * d1, r1; rep desde * hasta el final.

Esta vuelta **forma** el p de arroz.

Trabaje 3 vueltas más.

Aum 1 p en cada extremo de la sig vuelta y en cada una de las 6 sig hasta 41 (47: 55: 59) p.

Cont así hasta que la manga mida 16 (18: 20: 23) cm desde el principio, termine con una vuelta del revés.

Marque los extremos de la última vuelta con un hilo de color.

Trabaje 8 (10: 10: 12) vueltas.

Cierre.

cuello izquierdo

Del derecho, con agujas de 3 ¼ mm, d en 3 p de la tira delantera izquierda.

D 1 vuelta.

Cont en p bobo y aum 1 p en cada extremo de la sig vuelta y en cada una de las sig 4 hasta 21 p, termine en el otro extremo del cuello.

Cuello

** 2 vueltas sig D12, desl 1, dé la vuelta, d hasta el final.

D 4 vueltas **.

Rep desde **a ** hasta que el borde corto del cuello ajuste con el lado izquierdo del escote delantero y la mitad del borde del cuello por detrás.

Cierre.

cuello derecho

Del revés, con agujas de 3 ¼ mm, d en 3 p de la tira delantera derecha.

Cont en p bobo y aum 1 p en cada extremo de la sig vuelta y en cada una de las sig 4 hasta 21 p.

D1 vuelta, termine en el otro extremo del cuello.

Cuello

** 2 vueltas sig D12, desl 1, dé la vuelta, d hasta el final.

D 4 vueltas **.

Rep desde **a ** hasta que el borde corto del cuello ajuste con el lado derecho del escote delantero y la mitad del borde del cuello por detrás.

Cierre.

confección

Una las costuras de los hombros. Una los bordes del cuello. Cosa el cuello en su lugar. Cosa las mangas a las sisas con remates en las marcas cosidas a los puntos cerrados bajo el brazo. Una y cosa las mangas. Cosa los botones. Corte la cinta por la mitad y cosa una parte al borde delantero izquierdo y la otra al borde delantero derecho.

mantaparalasillita

tamaño
Aproximadamente 45 x 71 cm

materiales
5 ovillos de 50 g de Debbie Bliss Cashmerino Aran: 1 azul celeste (A), 1 lila (C), 1 azul medio (B),
1 verde claro (D) y 1 verde medio (E)
Agujas de tejer o agujas circulares de 5 mm.

muestra
18 p y 24 vueltas para un cuadrado de 10 x 10 cm en p de media con agujas de 5 mm

abreviaturas
Véase pág. 25

nota
Utilice el método de la intarsia (*véase* pág. 30), teja cada área de color con ovillos pequeños y retuerza
los hilos por el revés al cambiar de color para evitar que se hagan agujeros

cara delantera

Con agujas de 5 mm y A, monte 83 p.
Vuelta 1 D1, * r1, d1; rep desde * hasta el final.
Rep la última vuelta 3 veces más.
Línea 1
Vuelta sig (del derecho) Con A (d1, r1) 2 veces, d15 E, d15 D, d15 C, d15 B, d15 A, con A (r1, d1) 2 veces.
Vuelta sig Con A (d1, r1) 2 veces, r15 A, r15 B, r15 C, r15 D, r15 E, con A (r1, d1) 2 veces.
Estas 2 vueltas marcan la posición de la línea 1 de cuadrados en p de media (con 4 p de arroz en A
a cada lado) y se repiten.
Trabaje 18 vueltas.

Línea 2

Vuelta sig (del derecho) Con A (d1, r1) dos veces, d15 B, d15 A, d15 E, d15 D, d15 C, con A (r1, d1) 2 veces,
Vuelta sig Con A (d1, r1) 2 veces, r15 C, r15 D, r15 E, r15 A, r15 B, con A (r1, d1) 2 veces.
Estas 2 vueltas marcan la posición de la línea 2 de cuadrados en p de media (con 4 p de arroz en A
a cada lado) y se repiten.
Trabaje 18 vueltas.

Línea 3

Vuelta sig (del derecho) Con A (d1, r1) 2 veces, d15 C, d15 D, d15 B, d15 A, d15 E, con A (r1, d1) 2 veces.
Vuelta sig Con A (d1, r1) 2 veces, r15 E, r15 A, r15 B, r15 D, r15 C, con A (r1, d1) 2 veces.
Estas 2 vueltas marcan la posición de la línea 3 de cuadrados en p de media (con 4 p de arroz en A
a cada lado) y se repiten.
Trabaje 18 vueltas.

Línea 4

Vuelta sig (del derecho) Con A (d1, r1) 2 veces, d15 A, d15 E, d15 C, d15 D, d15 B, con A (r1, d1) 2 veces.
Vuelta sig Con A (d1, r1) 2 veces, r15 B, r15 D, r15 C, r15 E, r15 A, con A (r1, d1) 2 veces.
Estas 2 vueltas marcan la posición de la línea 4 de cuadrados en p de media (con 4 p de arroz en A
a cada lado) y se repiten.
Trabaje 18 vueltas.

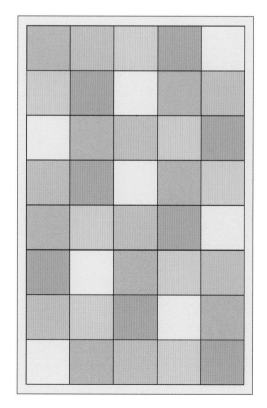

A azul celeste

B azul medio

C lila

D verde claro

E verde medio

Línea 5

Vuelta sig (del derecho) Con A (d1, r1) 2 veces, d15 D, d15 B, d15 A, d15 E, d15 C, con A (r1, d1) 2 veces.

Vuelta sig Con A (d1, r1) 2 veces, r15 C, r15 E, r15 A, r15 B, r15 D, con A (r1, d1) 2 veces.

Estas 2 vueltas marcan la posición de la línea 5 de cuadrados en p de media (con 4 p de arroz en A a cada lado) y se repiten.

Trabaje 18 vueltas.

Línea 6

Vuelta sig (del derecho) Con A (d1, r1) 2 veces, d15 E, d15 D, d15 C, d15 B, d15 A, con A (r1, d1) 2 veces.

Vuelta sig con A (d1, r1) 2 veces, r15 A, r15 B, r15 C, r15 D, r15 E, con A (r1, d1) 2 veces.

Estas 2 vueltas marcan la posición de la línea 6 de cuadrados en p de media (con 4 p de arroz en A a cada lado) y se repiten.

Trabaje 18 vueltas.

Línea 7

Vuelta sig (del derecho) Con A (d1, r1) 2 veces, d15 C, d15 B, d15 A, d15 E, d15 D, con A (r1, d1) 2 veces.

Vuelta sig Con A (d1, r1) 2 veces, r15 D, r15 E, r15 A, r15 B, r15 C, con A (r1, d1) 2 veces.

Estas 2 vueltas marcan la posición de la línea 7 de cuadrados en p de media (con 4 p de arroz en A a cada lado) y se repiten.

Trabaje 18 vueltas.

Línea 8

Vuelta sig (del derecho) Con A (d1, r1) 2 veces, d15 A, d15 E, d15 D, d15 C, d15 B, con A (r1, d1) 2 veces.

Vuelta sig Con A (d1, r1) 2 veces), r15 A, r15 B, r15 C, r15 D, r15 E, con A (r1, d1) 2 veces.

Estas 2 vueltas marcan la posición de la línea 8 de cuadrados en p de media (con 4 p de arroz en A a cada lado) y se repiten.

Trabaje 18 vueltas.

Vuelta sig (del derecho) Con A (d1, r1) 2 veces, d75 A, con A (r1, d1) 2 veces.

Vuelta sig Con A, d1 * r1, d1; rep desde * hasta el final.

Rep la última vuelta 3 veces.

Cierre en p de arroz.

cara posterior

Con agujas de 5 mm y A, monte 83 p.

Vuelta 1 D1, * r1, d1; rep desde * hasta el final.

Rep la última vuelta 3 veces más.

Vuelta sig (del derecho) Con A (d1, r1) 2 veces, d75 E, con A (r1, d1) 2 veces.

Vuelta sig Con A (d1, r1) 2 veces, r75 E, con A (r1, d1) 2 veces.

Estas 2 vueltas **forman** los bordes en A con p de media y p de arroz y se repiten; trabaje las rayas del siguiente modo:

Mantenga los bordes en p d arroz con A en toda la labor, trabaje 18 vueltas con E, y después 20 vueltas de rayas en C, A, D, B, C, D, E, termine con una vuelta del revés.

Vuelta sig (del derecho) Con A (d1, r1) 2 veces, d75 A, con A (r1, d1) 2 veces.

Vuelta sig Con A, d1, * r1, d1; rep desde * hasta el final.

Rep la última vuelta 3 veces más.

Cierre en p de arroz.

confección

Una la cara posterior con la anterior por los bordes.

jersey a rayas

medidas
Para edades de 3-6 (6-9: 9-12) meses
medidas reales
Pecho 50 (53, 59) cm
Largo de hombro 24 (25: 28) cm
Largo de manga 16 (18: 20) cm

materiales
2 (3: 3) ovillos de 50 g de Debbie Bliss Bella de color verde (A) y 2 (2: 3) ovillos de 50 g de color crudo (B)
Agujas de 3 ¼ y 3 ¾ mm
6 botones pequeños

muestra
22 p y 30 vueltas para un cuadrado de 10 x 10 cm en punto de media con agujas de 3 ¾ mm

abreviaturas
Véase pág. 27

delantero

Con agujas de 3 ¼ mm y A, monte 57 (61, 67) p.
D 5 vueltas.
Cambie a agujas de 3 ¾ mm.
Vuelta sig (derecho) D4A, d49 (53: 59) B, d4A.
Vuelta sig D4A, r49 (53: 59)B, d4A.
Vuelta sig D todos los p en A.

Vuelta sig D4A, r49 (53: 59) A, d4A.

Vuelta sig D4A, d49 (53: 59)B, d4A.

Vuelta sig (revés) R todos los p en B.

Emp con una vuelta en d, trabaje en p de media en secuencia de rayas 2 vueltas en A y 2 vueltas en B.

Cont hasta que la labor mida 21 (23: 25) cm desde el principio, termine con una vuelta del revés.

De acuerdo con la secuencia de rayas, siga del siguiente modo:

Cuello

Vuelta sig (derecho) D17 (18: 20), dé la vuelta y cont con estos p sólo para el primer lado del cuello.

Trabaje 2 cm de rayas, acabe con una vuelta del revés.

Tira de ojales de los hombros

Cambie a agujas de 3 ¼ mm y A.

D 2 vueltas.

Vuelta de ojales (derecho) D4 (5: 5), hsa, d2jun, d5 (5: 6), hsa, d2jun, d4 (4: 5).

D 2 vueltas.

Cierre del derecho.

Del derecho, desl 23 (25: 27) p en el centro del delantero en espera, incorpore el hilo adecuado y trabaje hasta el final.

Complete esta cara trabajando la vuelta de los ojales del siguiente modo:

Vuelta de ojales (derecho) D4 (4: 5), d2jun, hsa, d5 (5: 6), d2jun, hsa, d4 (5: 5).

espalda

Trabaje como el delantero, pero evite los ojales en las tiras de los hombros.

mangas

Con agujas de 3 ¼ mm y A, monte 35 (37: 39) p.

D 5 vueltas.

Cambie a agujas de 3 ¾ mm.

Emp con una vuelta d en B, trabaje en p de media en la secuencia de rayas del siguiente modo:

2 vueltas B.

2 vueltas A.

Pero **al mismo tiempo**, aum 1 p de cada lado a las 7 vueltas y después cada 8 vueltas hasta conseguir 43 (47: 51) p.

Cont así hasta que la manga mida 16 (18: 20) cm desde el principio, acabe con una vuelta del derecho.

Cierre.

tira del cuello

Del derecho, con agujas de 3 ¼ mm y A, recoja y trabaje 8 p en d para el extremo izquierdo del cuello, 23 (25: 27) en d para la parte central, recoja y 8 p en d para el extremo derecho del cuello. 39 (41: 43) p.

D 1 vuelta.

Vuelta de los ojales D2, hsa, d2jun, d2, ppde, d2jun, d19 (21: 23), ppde, d2jun, d3, hsa, d2jun, d1.

D 1 vuelta.

Vuelta sig D5, ppde, d2jun, d17 (19: 21), ppde, d2jun, d5.

Cierre del derecho, dis en las esquinas como antes.

Trabaje la tira posterior del cuello de la misma forma, omitiendo los ojales y disminuyendo en las esquinas.

confección

Coloque la tira de los ojales sobre la tira de los botones en los hombros y una los puntos de ambas caras.

Haga coincidir el centro de la manga con el centro de las tiras de los hombros y cóselo a las mangas.

Empiece por el escote. Cosa las mangas y los botones.

medidas
Para edades de 0-3 (3-6) meses
medidas reales
Largo de hombro 55 (60) cm

materiales
8 (9) ovillos de 50 g de Debbie Bliss Cashmerino Aran en color crudo
Agujas de 4 ½ mm
Aguja circular de 4 ½ mm
Cremallera de 40 cm

muestra
20 p y 42 vueltas para un cuadrado de 10 x 10 cm en p bobo con agujas de 4 ½ mm

abreviaturas
Ddd = delante y detrás del siguiente punto
Véase pág. 25

sacoconcapucha

espalda, delantero y mangas
(trabajados en una pieza)

Con agujas de 4 ½ mm, monte 54 (62) p.

Vuelta 1 Teja del derecho.

Esta vuelta forma el p bobo y se repite.

Cont así hasta que la espalda mida 46 (48) cm desde el principio, termine con una vuelta del revés.

Cambie a una aguja circular de 4 ½ cm.

Mangas

Monte 30 (36) p al principio de las sig 2 vueltas. **114 (134) p.**

Cont en p bobo hasta que la espalda mida 55 (60) cm desde el principio, termine con una vuelta del revés.

Coloque una marca en cada extremo de la última vuelta para señalar la línea del hombro.

Dividir para los delanteros

Vuelta sig (del derecho) Con agujas de 4 ½ mm, d43 (53), dé la vuelta y cont en estos p sólo para el delantero derecho y deje los p rest en la aguja circular.

Cuello

Vuelta sig (del revés) Ddd, d hasta el final. **44 (54) p.**

D 1 vuelta.

Rep las últimas 2 vueltas una vez más. **45 (55) p.**

Vuelta sig Monte 2 p, d hasta el final. **47 (57) p.**

D 1 vuelta.

Vuelta sig Monte 3 p, d hasta el final. **50 (60) p.**

D 1 vuelta.

Rep las últimas 2 vueltas una vez más. **53 (63) p.**

Vuelta sig Monte 7 p, d hasta el final. **60 (70) p.**

Marque el borde delantero de la última vuelta con un hilo de color.

Cont en p bobo hasta que la labor mida 10 (12) cm desde la marca del hombro, termine con una vuelta del revés.

Manga

Vuelta sig (del derecho) Cierre 30 (36) p, d hasta el final. **30 (34) p.**

Cont en p bobo hasta que la labor mida 40 cm desde la marca del borde delantero, termine con una vuelta del derecho.

Vuelta sig Cierre 3 p, desl rest 27 (31) p en espera.

Vuelva a los p en la aguja circular y del derecho, desl 28 en el centro del cuello posterior en espera, una el hilo para los rest 43 (53) p para el delantero izquierdo, d hasta el final.

D 1 vuelta.

Vuelta sig (del derecho) Ddd, d hasta el final. **44 (54) p.**

D 1 vuelta.

Rep las últimas 2 vueltas una vez más. **45 (55) p.**

Vuelta sig Monte 2 p, d hasta el final. **47 (57) p.**

D 1 vuelta.

Vuelta sig Monte 3 p, d hasta el final. **50 (60) p.**

D 1 vuelta.

Rep las últimas 2 vueltas 1 vez más. **53 (63) p.**

D 1 vuelta.

Vuelta sig Monte 4 p, d hasta el final. **57 (67) p.**

Marque con hilo de color el borde delantero de la última vuelta.

Cont en p bobo hasta que la labor mida 10 (12) cm desde la marca del hombro, termine con una vuelta del derecho.

Manga

Vuelta sig (del revés) Cierre 30 (36) p, d hasta el final. **27 (31) p.**

Cont en p bobo hasta que la labor mida 40 cm desde la marca del borde delantero, termine con una vuelta del derecho.

Vuelta sig (del revés) D27 (31) p en el delantero izquierdo, después d a través de 27 (31) p del delantero derecho en espera. **54 (62) p.**

Cont así hasta que el delantero mida 55 (60) cm desde la línea del hombro, termine con una vuelta del derecho.

Cierre.

capucha

Del derecho y con agujas de 4 ½ mm, recoja y d22 p subiendo por el cuello delantero derecho al hombro, después trabaje d2 (c1, d2) 13 veces en 28 p del cuello posterior en espera, a cont recoja y d20 p bajando por el cuello delantero izquierdo. **83 p.**

Trabaje en p bobo hasta que la capucha mida 20 cm desde la vuelta de recogida.

Cierre.

confección

Doble la capucha por la mitad y cósala. Doble por la línea del hombro y cosa el delantero y la espalda a lo largo de la manga y de los bordes laterales e inferiores. Coloque la cremallera de manera que el borde delantero izquierdo quede cosido cerca del lado de los dientes y que el borde delantero derecho se encuentre aproximadamente a 1 cm por encima de la cremallera para formar una tapeta. Con punto escapulario, cosa los puntos cerrados de la parte inferior de la tapeta.

medidas

Para edades de 0-3 (3-6: 6-9: 9-12: 12-24) meses

materiales

1 ovillo de 50 g de Bebbie Bliss Baby Cashmerino en color uva (CP) y otro en color lavanda (CC)
Juego de cuatro agujas de doble punta de 3 ¾ y 3 ¼ mm

muestra

25 p y 34 vueltas para un cuadrado de 10 x 10 cm en p de media con agujas de 3 ¼ mm

abreviaturas

Véase pág. 25

gorrito de elfo

confección

Con un juego de 4 agujas de doble punta de 3 ¾ mm (*véase* pág. 41) y CP, monte 88 (96: 104: 112: 120) p.
Disponga p en 3 de las 4 agujas y coloque una marca después del último p para indicar el final
de las vueltas del gorro.
Procurando no retorcer el borde, trabaje en vueltas de d1, r1 elástico 2 (2: 3: 3: 3) cm.
Cambie a 4 agujas de 3 ¼ mm y CC y cont 1 cm más en vueltas de elástico.
Trabaje las vueltas del gorro en p de media (d cada vuelta) y en rayas según patrón dé 2 vueltas CC,
2 vueltas CP, cont hasta que la labor mida 12 (12: 14: 14: 16) cm desde el principio.

Coronilla

Vuelta dis (d20 [22: 24: 26: 28], d2jun) 4 veces. 84 (92: 100: 108: 116) p.
Trabaje 2 vueltas.
Vuelta dis (d19 [21: 23: 25: 27], d2jun) 4 veces. 80 (88: 96: 104: 112) p.
Trabaje 2 vueltas.
Vuelta dis (d18 [20: 22: 24: 26] de2jun) 4 veces. 76 (84: 92: 100: 108) p.
Trabaje 2 vueltas.
Cont así y dis 4 p como antes en sig y en cada tercera vuelta hasta 40 (44: 48: 52: 56) p rest.
Trabaje 1 vuelta.
Cont dis 4 p como antes en sig vuelta y en cada vuelta alterna hasta 8 p rest.
Vuelta dis (d2jun) 4 veces. 4 p.
Corte el hilo, introdúzcalo a través de p rest, tire y remate.
Haga un pompón en CP (*véase* pág. 43) y cóselo en la parte superior del gorro.

tamaños

Para edades de 3-6 (6-12, 12-18) meses

materiales

Un ovillo de 50 g de Debbie Bliss Baby Cashmerino en cualquier color (CP) y otro
en un color que contraste (CC)
Juego de 4 agujas de doble punta de 3 ¼ mm

muestra

25 p y 34 vueltas para un cuadrado de 10 x 10 cm en punto de media con agujas de 3 ¼ mm

abreviaturas

Véase pág. 25

calcetinesbicolor 185

confección

Con agujas de 3 ¼ mm y CC, monte 32 (36: 40) p.
Disponga estos p en 3 agujas y cont en vueltas.
Vuelta elástico * D1, r1; rep desde * hasta el final.
Elástico 3 (5, 7) vueltas.
Cambie a CP.
Siga en vueltas de d, para hacer p de media.
D 2 (2: 4) vueltas.
Dis D5, d2jun, d hasta últimos 7 p, ppde, d5. **30 (34: 38) p.**
D 3 (5: 7) vueltas.
Dis D4, d2jun, d hasta últimos 6 p, ppde, d4. **28 (32: 36) p.**
Trabaje 3 (5: 7) vueltas.
Dis D3, d2jun, d5 (6: 7), d2jun, (d5 (6: 7), ppde) dos veces, d2 (3: 4). **24 (28: 32) p.**
Corte CP.
Divida p en 3 agujas como sigue: deslice primeros 7 (8: 9) p en la primera aguja,
sig 5 (6: 7) p en la segunda aguja y sig 5 (6: 7) p en la tercera aguja; luego, pase
los últimos 7 (8: 9) p en el otro extremo de la primera aguja.

Talón

Por el derecho, una CC a 14 (16, 18) p en la primera aguja.

Cont las vueltas en p de media sólo en estos 14 (16: 18) p.

Emp con una vuelta d, trabaje 10 vueltas en p media.

Vuelta sig D9 (11: 13), ppde, dé la vuelta.

Vuelta sig Desl 1, r4 (6: 8), r2jun, dé la vuelta.

Vuelta sig Desl 1, d4 (6: 8), ppde, dé la vuelta.

Vuelta sig Desl 1, r4 (6: 8), r2jun, dé la vuelta

Rep estas 2 vueltas una vez más. 6 (8: 10) p.

Corte el hilo.

De nuevo, p en 3 agujas del siguiente modo: desl primeros 3 (4: 5) p del talón en un imperdible, ponga una marca para indicar el principio de la vuelta. Una CP a rest p, con la primera aguja d3 (4: 5), recoja y d8 p en la cara del talón, con la segunda aguja d10 (12: 14), con la tercera aguja recoja y d8 p en la otra cara del talón, d3 (4: 5) desde el imperdible. 32 (36: 40) p.

Cont las vueltas.

D 1 vuelta.

Dis D9 (10: 11), d2jun, d10 (12: 14), d2jun prbu, d9 (10: 11). 30 (34: 38) p.

D 1 vuelta.

Dis D8 (9: 10), d2jun, d10 (12: 14), d2jun prbu, d8 (9: 10). 28 (32: 36) p.

D 1 vuelta.

Dis D7 (8: 9), d2jun, d10 (12: 14), d2jun prbu, d7 (8: 9). 26 (30: 34) p.

D 1 vuelta.

Dis D6 (7: 8), d2jun, d10 (12: 14), d2jun prbu, d6 (7: 8). 24 (28: 32) p.

Trabaje 11 (13: 17) vueltas.

Dedos

Dis (D2jun prbu, d4 [5: 6]) 4 veces. 20 (24: 28) p.

D 1 vuelta.

Dis (D2jun prbu, d3 [4: 5]) 4 veces. 16 (20: 24) p.

D 1 vuelta.

Cambie a CC.

Dis (D2jun prbu, d2 [3: 4]) 4 veces. 12 (16: 20) p.

D 1 vuelta.

Sólo tamaños mediano y grande

Dis (D2jun prbu, d- [2: 3]) 4 veces. –(12: 16) p.

Sólo tamaño tercero

D 1 vuelta.

Dis (D2jun prbu, d-[-: 2]) 4 times. –(-: 12) p.

D 1 vuelta.

Todos los tamaños

Dis (D2jun prbu) 6 veces.

Corte el hilo, introduzca a través de rest 6 p, tire y remate.

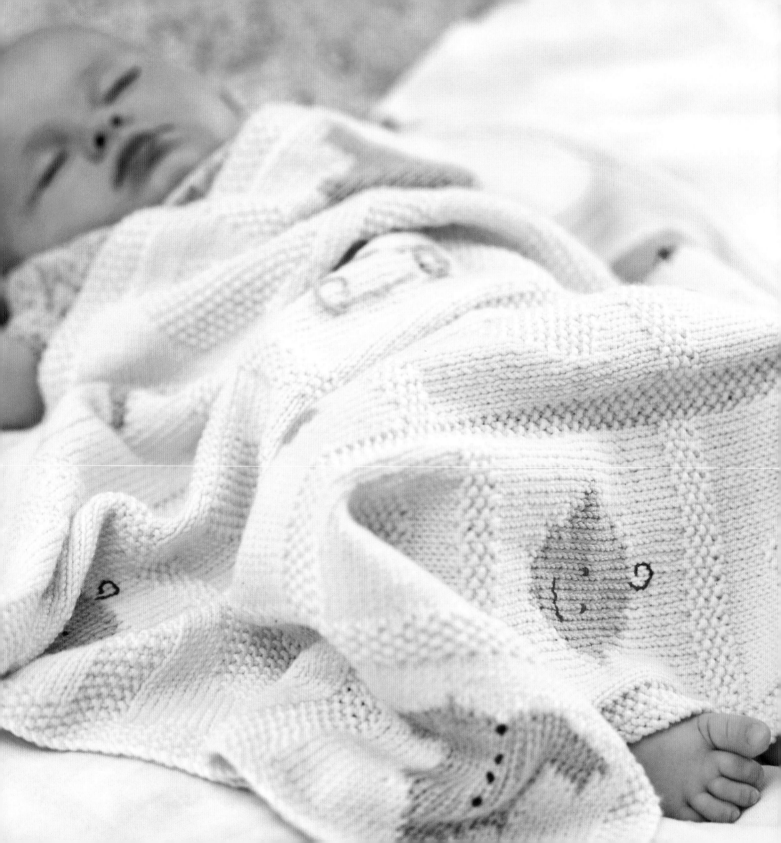

mantaparabebé

medidas
Largo 60 cm
Ancho 54 cm

materiales
4 ovillos de Debbie Bliss Baby Cashmerino en color crudo (CP), un ovillo en rosa claro (A)
y otro en azul celeste (B)
Aguja circular larga o agujas de 3 ¼ mm
Hilo de algodón marrón
Hilo de coser rosa claro

muestra
25 p y 34 vueltas para un cuadrado de 10 x 10 cm en punto de media con agujas de 3 ¼ mm

abreviaturas
Véase pág. 25

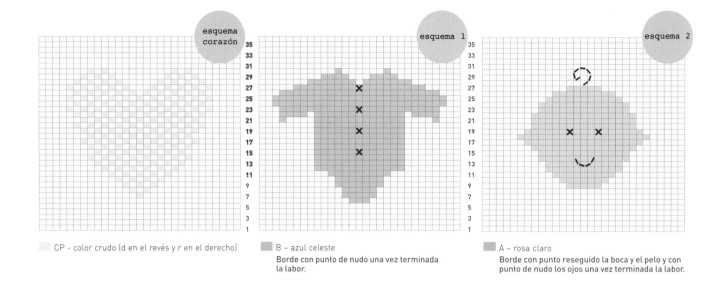

esquema corazón **35 33 31 29 27 25 23 21 19 17 15 13 11 9 7 5 3 1**

esquema 1 **35 33 31 29 27 25 23 21 19 17 15 13 11 9 7 5 3 1**

esquema 2 **35 33 31 29 27 25 23 21 19 17 15 13 11 9 7 5 3 1**

CP - color crudo (d en el revés y r en el derecho)

B – azul celeste
Borde con punto de nudo una vez terminada la labor.

A – rosa claro
Borde con punto reseguido la boca y el pelo y con punto de nudo los ojos una vez terminada la labor.

manta para bebé

190

notas sobre los esquemas

Todos los esquemas, si no se indica lo contrario, se trabajan en p de media. Cuando se trabaja a partir de un esquema, las vueltas impares son vueltas d y se leen de derecha a izquierda; las vueltas pares son vueltas r y se interpretan de izquierda a derecha. Cuando trabaje motivos, utilice el método de la intarsia (*véase* pág. 30), teja con pequeños ovillos para cada área de color y retuerza los hilos en el revés cuando se cambia de color para evitar que se formen agujeros.

manta

Con agujas de 3 ¼ mm y CP, monte 141 p.

P de arroz D1, (r1, d1) hasta el final.

Rep esta vuelta 5 veces más.

Primera línea de motivos

Vuelta sig (derecho) P de arroz 5, trabaje 29 p del esquema 1, p de arroz 5, trabaje 29 p del esquema corazón, p de arroz 5, teja 29 p del esquema 2, p de arroz 5, trabaje 29 p del esquema corazón, p de arroz 5.

Cont como en la última vuelta para el p de arroz y los esquemas hasta que se hayan trabajado las 36 vueltas de los mismos.

Teja 6 vueltas en p de arroz a través de todos los p.

Segunda línea de motivos

Vuelta sig (derecho) P de arroz 5, trabaje 29 p del esquema corazón, p de arroz 5, teja 29 p del esquema 3, p de arroz 5, trabaje 29 p del esquema corazón, p de arroz 5, teja 29 p del esquema 4, p de arroz 5.

Cont como en la última vuelta hasta que se hayan trabajado las 36 vueltas de los esquemas.

Teja 6 vueltas en p de arroz en todos los p.

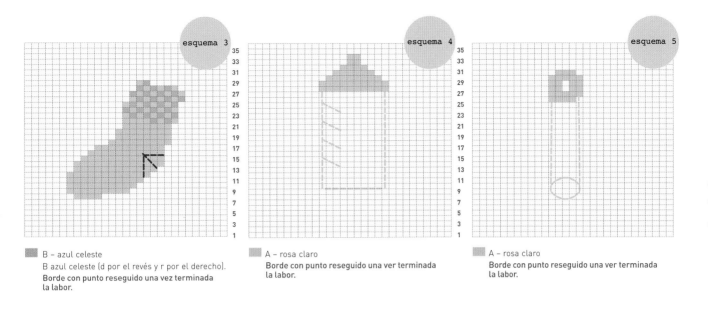

esquema 3

B – azul celeste
B azul celeste (d por el revés y r por el derecho).
Borde con punto reseguido una vez terminada
la labor.

esquema 4

A – rosa claro
Borde con punto reseguido una ver terminada
la labor.

esquema 5

A – rosa claro
Borde con punto reseguido una ver terminada
la labor.

Tercera línea de motivos

Vuelta sig (derecho) P de arroz 5, trabaje 29 p del esquema 2, p de arroz 5, teja 29 p del esquema corazón,
p de arroz 5, trabaje 29 p del esquema 5, p de arroz 5, teja 29 p del esquema corazón, p de arroz 5.
Cont como en la última vuelta hasta que se hayan trabajado las 36 vueltas de los esquemas.
Teja 6 vueltas en p de arroz en todos los p.

Cuarta línea de motivos

Vuelta sig (derecho) P de arroz 5, trabaje 29 p del esquema corazón, p de arroz 5, teja 29 p del esquema 4,
p de arroz 5, trabaje 29 p del esquema corazón, p de arroz 5, teja 29 p del esquema 1, p de arroz 5.
Cont como se establece en la última vuelta hasta que se hayan trabajado las 36 vueltas de los esquemas.
Teja 6 vueltas en p de arroz en todos los p.

Quinta línea de motivos

Vuelta sig (derecho) P de arroz 5, trabaje 29 p del esquema 5, p de arroz 5, teja 29 p del esquema corazón,
p de arroz 5, trabaje 29 p del esquema 3, p de arroz 5, teja 29 p del esquema corazón, p de arroz 5.
Cont como se establece en la última vuelta hasta que se hayan trabajado las 36 vueltas de los esquemas.
Teja 5 vueltas en p de arroz en todos los p.
Cierre en p de arroz.

confección

Trabaje los bordados como se indica en los esquemas (*véase* superior). Para las líneas en punto
nudo y en punto reseguido de los esquemas 1, 2 y 3, utilice tres hebras de hilo de algodón marrón
y una hebra para el punto reseguido. Para las líneas con punto reseguido de los esquemas 4 y 5,
use una hebra de hilo rosa claro (A), y colóquela en su lugar con hilo de coser.

medidas
Para edades de 3-6 (6-9: 9-12: 12-18: 18-24) meses
medidas reales
Pecho 47 (52: 56: 61: 66) cm
Largo de hombro 22 (24: 26: 28: 32) cm
Largo de manga 13 (15: 17: 19: 22) cm

materiales
2 (3: 3: 3: 4) ovillos de 50 g de Debbie Bliss Baby Cashmerino en azul verdoso (CP), 1 ovillo de 50 g
de cada uno de los siguientes colores: azul celeste (A), índigo (B), lima (C), burdeos (D) y crudo (E)
Agujas de 2 ¾, 3 y 3 ¼ mm
Agujas circulares de 2 ¾, 3 y 3 ¼ mm
6 (6: 6: 7: 7) botones

muestra
25 p y 34 vueltas para un cuadrado de 10 x 10 cm en punto de media con agujas de 3 ¼ mm

abreviaturas
Véase pág. 25

chaqueta de estilo jacquard

espalda

Con agujas de 3 mm y A, monte 61 (67: 73: 79: 85) p.
Vuelta 1 elástico D1, * r1, d1; rep desde * hasta el final.
Cambie a CP.
Vuelta 2 elástico, R1, * d1, r1; rep desde * hasta el final.
Repita las últimas 2 vueltas en elástico 2 (2: 3: 3: 4) veces.
Cambie a agujas de 3 ¼ mm.
Emp con una vuelta d, trabaje en punto de media hasta que la espalda mida 12 (13, 14, 15, 17) cm
desde el principio, acabe con una vuelta r.
Sisas
Cierre 4 p al principio de las sig 2 vueltas. 53 (59: 65: 71: 77) p.
Cont así hasta que la espalda mida 14 (16: 18: 20: 24) cm desde el principio, acabe con una vuelta r.
Canesú
Vuelta sig (del derecho), D22 (24: 26: 28: 30), dé la vuelta y trabaje en estos p.
Cierre 3 (4: 5: 6: 7) p al principio de la sig vuelta y 2 p al empezar las siguientes 3 vueltas alternas.
Dis 1 p en las vueltas alternas sig hasta 6 (7: 8: 9: 10) p rest.
Cont así hasta que la espalda mida 22 (24: 26: 28: 32) cm desde el principio, acabe en el borde de la sisa.

Hombro

Cierre.

Por el derecho, desl 9 (11: 13: 15: 17) p en el centro y deje en espera, una a rest p, d hasta el final.

R 1 vuelta.

Complete este primer lado.

delantero izquierdo

Con agujas de 3 mm y A, monte 29 (33: 35: 37: 41) p.

Vuelta 1 elástico, R1, * d1, r1; rep desde * hasta el final.

Cambie a CP.

Vuelta 2 elástico D1, * r1, d1; rep desde * hasta el final.

Rep las últimas 2 vueltas en elástico 2 (2: 3: 3: 4) veces.

Cambie a agujas de 3 ¼ mm.

Emp con una vuelta d, trabaje en punto de media hasta que el delantero mida 12 (13: 14: 15: 17) cm desde el principio, acabe con una vuelta r.

Sisa

Cierre 4 p al principio de la sig vuelta. 25 (29: 31: 33: 37) p.

Cont hasta que el delantero mida 14 (16: 18: 20: 24) cm desde el principio, acabe con una vuelta r.

Canesú

Vuelta sig (del derecho), D22 (24: 26: 28: 30), dé la vuelta y trabaje en estos p, deje rest 3 (5: 5: 5: 7) p en espera.

Cierre 3 (4: 5: 6: 7) p al principio de la sig vuelta y 2 p al empezar las sig 3 vueltas alternas.

Dis 1 p al empezar las sig vueltas alternas hasta 6 (7: 8: 9: 10) p rest.

Cont así hasta que el delantero mida 22 (24: 26: 28: 32) cm desde el principio, acabe en el borde de la sisa.

Hombro

Cierre.

delantero derecho

Con agujas de 3 mm y A, monte 29 (33: 35: 37: 41) p.

Vuelta 1 elástico, R1, * d1, r1; rep desde * hasta el final.

Cambie a CP.

Vuelta 2 elástico D1, * r1, d1; rep desde * hasta el final.

Repita las últimas 2 vueltas en elástico 2 (2: 3: 3: 4) veces.

Cambie a agujas de 3 ¼ mm.

Emp con una vuelta d, trabaje en punto de media hasta que el delantero mida 12 (13: 14: 15: 17) cm desde el principio, acabe con una vuelta d.

Sisa

Cierre 4 p al principio de la sig vuelta. 25 (29: 31: 33: 37) p.

Cont hasta que el delantero mida 14 (16: 18: 20: 24) cm desde el principio, acabe con una vuelta r.

Canesú

Vuelta sig (del derecho) D3 (5: 5: 5: 7) p, deje estos p en espera, d hasta el final. 22 (24: 26: 28: 30) p.

R 1 vuelta.

Cierre 3 (4: 5: 6: 7) p al principio de la sig vuelta y 2 p al empezar las sig 3 vueltas alternas.

Dis 1 p al empezar las sig vueltas alternas hasta 6 (7: 8: 9: 10) p rest.

Cont así hasta que el delantero mida 22 (24: 26: 28: 32) cm desde el principio, acabe en el borde de la sisa.

Hombro

Cierre.

gráfico

Al tejer el canesú desde las vueltas 4 a 18 del gráfico, trabaje 1 p en el borde al principio en el derecho y al final de las vueltas en el revés, rep la vuelta 12 del patrón y trabaje 2 p en el borde al principio en el revés y final de las vueltas en el derecho. Retuerza y teja el hilo que no se utiliza al revés de la labor.

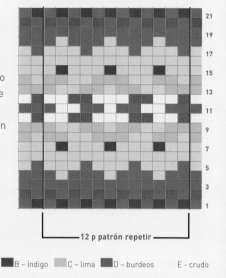

— 12 p patrón repetir —

■ CP – azul verdoso	■ A – azul celeste	■ B – índigo	■ C – lima	■ D – burdeos	E - crudo

mangas

Con agujas de 3 mm y B, monte 32 (34: 38: 42: 46) p.

Vuelta elástico * D1, r1; rep desde * hasta el final.

Esta vuelta **forma** el elástico.

Cambie a CP.

Rep las vueltas en elástico 5 (5: 7: 7: 9) veces.

Cambie a agujas de 3 ¼ mm.

Emp con una vuelta d, trabaje en p de media y aum 1 p al final de las sig (3: 5: 5: 3) vueltas y cada 4 vueltas hasta 50 (54: 58: 66: 74) p.

Cont hasta que la manga mida 13 (15: 17: 19: 22) cm desde el principio, acabe con una vuelta r.

Marque los extremos de la última vuelta con un hilo de color.

Trabaje 4 vueltas. Cierre.

canesú

Cosa los hombros.

Por el derecho, con una aguja circular de 3 ¼ mm y CP, desl 3 (5: 5: 5: 7) p del delantero derecho en espera a una aguja, recoja y d9 (10: 11: 12: 13) p desde p cerrados, 13 (14: 15: 16: 17) p al hombro, 13 (14: 15: 16: 17) p a lo largo de los extremos desde el hombro hasta empezar p cerrados, 9 (10: 11: 12: 13) p desde p cerrados, d9 (11: 13: 15: 17) p desde centro espalda en espera, recoja y d9 (10: 11: 12: 13) p desde p cerrados, 13 (14: 15: 16: 17) p al hombro, 13 (14: 15: 16: 17) p en las vueltas finales desde el hombro hasta principio de p cerrados, 9 (10: 11: 12: 13) p desde p cerrados, luego d3 (5: 5: 5: 7) p desde delantero izquierdo en espera. 103 (117: 127: 137: 151) p.

Vuelta sig (del revés) R hasta el final.

Vuelta sig (vuelta 1 del gráfico) (del derecho) D1B, * 1E, 1B; rep desde * hasta el final.

Vuelta sig (vuelta 2 del gráfico) R1E, * 1D, 1E; rep desde * hasta el final.

Dis (vuelta 3 del gráfico) (del derecho) Con CP, d5 (7: 3: 3: 7), [d4 [4: 6: 8: 7], d2jun] 15 (17: 15: 13: 15) veces, d2jun, d6 (6: 2: 2: 7). 87 (99: 111: 123: 135) p.

Trabaje vueltas 4 a 10 según gráfico.

Cambie a la aguja circular de 3 mm.

Trabaje vueltas 11 a 18 según gráfico.

Dis (vuelta 19 del gráfico) (del derecho) Con CP, d3, * d2jun, d5, d2jun, d3; rep desde * hasta el final. 73 (83: 93: 103: 113) p.

Trabaje vueltas 2 y luego 1 según el gráfico como antes.

Cont sólo en CP.

R 1 vuelta.

D 1 vuelta.

Dis (del revés) R3, * r2jun, r3; rep desde * hasta el final. 59 (67: 75: 83: 91) p.

D 1 vuelta.

R 1 vuelta.

Cambie a agujas de 2 ¾ mm.

Vuelta 1 elástico D1, * r1, d1; rep desde * hasta el final.

Vuelta 2 elástico R1, *d1, r1; rep desde * hasta el final.

Vuelta 3 elástico D1, * r1, d1; rep desde * hasta el final.

Cambie a A.

Vuelta 4 elástico R1, * d1, r1; rep desde * hasta el final.

Cierre en elástico.

tira de los botones

Por el derecho y con agujas de 2 ¾ mm y CP, recoja y d55 (61: 67: 75: 91) p por el borde delantero izquierdo.

Trabaje 3 vueltas en elástico, como en la espalda.

Cambie a B.

Elástico 1 vuelta.

Cierre en elástico.

tira de los ojales

Por el derecho y con agujas de 2 ¾ mm y CP, recoja y d55 (61: 67: 75: 91) p por el borde delantero derecho.

Trabaje 1 vuelta en elástico, como en la espalda.

Vuelta ojales (por el derecho) Elástico 2 (2: 2: 3: 2), [elástico, 2jun, hd, elástico 8 (9: 10: 9: 12) p] 5 (5: 5: 6: 6) veces, elástico 2jun, hd, elástico 1 (2: 3: 4: 3).

Elástico 1 vuelta.

Cambie a B.

Elástico 1 vuelta. Cierre en elástico.

confección

Cosa las mangas a las sisas con remates en las marcas cosidas a los puntos bajo el brazo.

Una y cosa las mangas. Cosa los botones.

medidas

Para edades de 3-6 (6-9) meses

medidas reales

Sobre el pañal 51 (56) cm

Largo 22 (24) cm

materiales

2 ovillos de Debbie Bliss Baby Cashmerino en gris

Agujas de 2 ¾ y de 3 ¼ mm

Elástico de 2 cm de anchura para la cintura

muestra

25 p y 34 vueltas para un cuadrado de 10 x 10 cm en p de media con agujas de 3 ¼ mm

abreviaturas

Véase pág. 25

braguitas

parte posterior

Con agujas de 2 ¾ mm, monte 66 (76) p.

Vuelta elástico * D1, r1; rep desde * hasta el final.

Elástico 9 vueltas más.

Cambie a agujas de 3 ¼ mm.

Parte posterior

Sig 2 vueltas D hasta últimos 30 p, dé la vuelta, desl 1, r hasta últimos 30 p, dé la vuelta.

Sig 2 vueltas Desl 1, d hasta últimos 24 p, dé la vuelta, desl 1, r hasta últimos 24 p, dé la vuelta.

Sig 2 vueltas Desl 1, d hasta últimos 18 p, dé la vuelta, desl 1, r hasta últimos 18 p, dé la vuelta.

Sig 2 vueltas Desl 1, d hasta últimos 12 p, dé la vuelta, desl 1, r hasta últimos 12 p, dé la vuelta.

Sig 2 vueltas Desl 1, d hasta últimos 6 p, dé la vuelta, desl 1, r hasta últimos 6 p, dé la vuelta.

Vuelta sig desl 1, d hasta el final.

Vuelta aum R3, c1, (r6, c1) 4 veces, r12 (22), (c1, r6) 4 veces, c1, r3. 76 (86) p.

Emp con 1 vuelta d, cont en p de media.

Trabaje 42 (52) vueltas.

Dis 1 p en cada extremo de la sig vuelta y 9 (7) en las sig vueltas alternas. 56 (70) p.

R 1 vuelta.

Dis 1 p en cada extremo de las sig 16 (20) vueltas. 24 (30) p.

Trabaje 20 (22) vueltas sin dar forma.

Corte el hilo y deje estos p en espera.

Lado de la pierna derecha

Con agujas de 3 ¼ mm, monte 2 p.

R 1 vuelta.

Vuelta sig D1, c1, d1.

Vuelta sig R2, c1, r1.

Vuelta sig D1, c1, d hasta el final.

Vuelta sig R hasta último p, c1, r1.

Rep las últimas 2 vueltas 10 (11) veces. 26 (28) p.

Corte el hilo y deje estos p en espera.

Lado de la pierna izquierda

Con agujas de 3 ¼ mm, monte 2 p.

R 1 vuelta.

Vuelta sig D1, c1, d1.

Vuelta sig R1, c1, r2.

Vuelta sig D hasta el último p, c1, d1.

Vuelta sig R1, c1, r hasta el final.

Rep las últimas 2 vueltas 10 (11) veces. 26 (28) p.

Vuelta sig D estos 26 (28) p, d24 (30) p de los primeros en espera, después d26 (28) p de los segundos en espera. 76 (86) p.

Trabaje 18 (26) vueltas sin dar forma.

Vuelta dis (R5, r2jun) 5 veces, r6 (16), (r2jun, r5) 5 veces. 66 (76) p.

Cambie a agujas de 2 ¾ mm.

Vuelta elástico * D1, r1; rep desde * hasta el final.

Elástico 9 vueltas más.

Cierre en elástico.

bordes de la pierna

Del derecho y con agujas de 3 ¼ mm, recoja y d72 (78) p de forma uniforme alrededor de la abertura de la pierna.

Vuelta elástico * D1, r1; rep desde * hasta el final.

Elástico 1 vuelta más.

Cambie a agujas de 2 ¾ mm.

Elástico 3 vueltas más.

Cierre 3 puntos, * desl p a la aguja izquierda, monte 2 p, cierre 6 p; rep desde *; termine última rep cerrando 3 p.

confección

Una las costuras laterales y de los bordes. Una la cinta elástica formando un círculo.

Recubra la cinta elástica con punto de espiga en la cintura para que cubra el elástico.

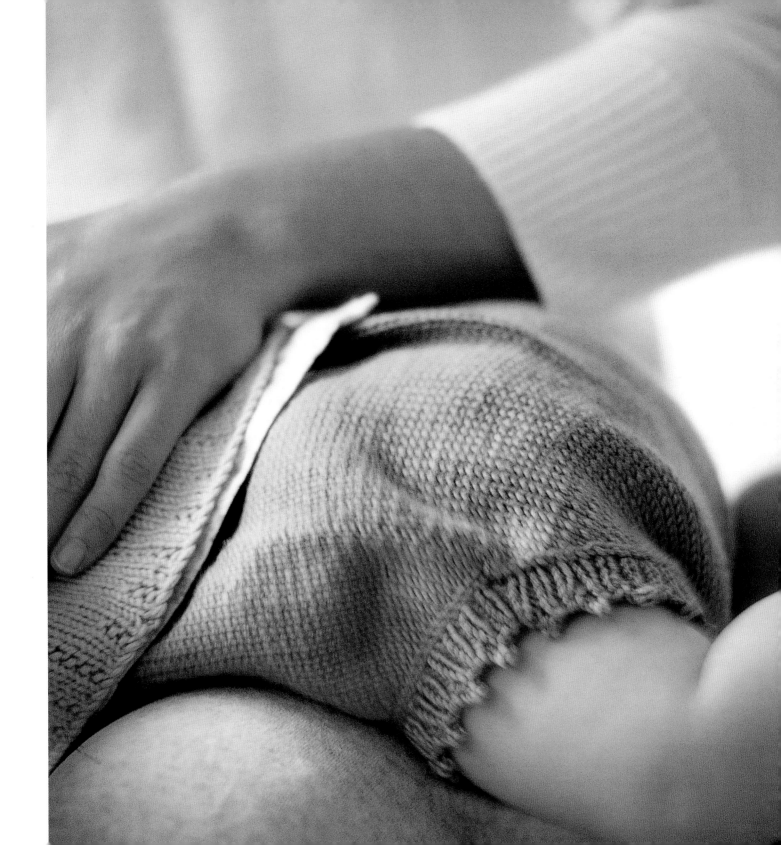

medidas

Para edades de 3-6 (6-9) meses

medidas reales

Sobre el pañal 51 (56) cm

Largo 27 (30) cm

materiales

2 ovillos de 50 g de Debbie Bliss Baby Cashmerino en gris

Agujas de 3 y 3 ¼ mm

La misma cantidad de cinta elástica de 2 cm de ancho que la cintura

muestra

25 p y 34 vueltas para un cuadrado de 10 x 10 cm en punto de media con agujas de 3 ¼ mm

abreviaturas

Véase pág. 25

pantalones
cortos para bebé

pernera derecha

Con agujas de 3mm, monte 66 (72) p.

Vuelta elástico * D1, r1; rep desde * hasta el final.

Elástico 9 vueltas más.

Cambie a agujas de 3 ¼ mm

Parte posterior

Sig 2 vueltas D6, dé la vuelta, desl 1, r hasta el final.

Sig 2 vueltas D12, dé la vuelta, desl 1, r hasta el final.

Sig 2 vueltas D18, dé la vuelta, desl 1, r hasta el final.

Sig 2 vueltas D24, dé la vuelta, desl 1, r hasta el final.

Sig 2 vueltas D30, dé la vuelta, desl 1, r hasta el final.

Sólo tamaño mayor

Sig 2 vueltas D36, dé la vuelta, desl 1, r hasta el final.

Ambos tamaños

Emp con 1 vuelta d, cont en p de media hasta que la labor mida 17 (19) cm a lo largo del borde corto, termine con una vuelta r.

**Entrepierna

Vuelta aum (derecho) D2, c1, d hasta últimos 2 p, c1, d2.

R 1 vuelta.

Rep las 2 últimas vueltas, 3 veces más. **74 (80) p.**

Monte 3 p al principio de sig 2 vueltas. **80 (86) p.**

Perneras

Trabaje 2 vueltas en p de media.

Vueltas dis (derecho) D2, ppde, d hasta últimos 4 p, d2jun, d2.

Trabaje 3 vueltas en p de media.

Rep las últimas 4 vueltas, 4 (5) veces más. **70 (74) p.**

Borde de las perneras

Cambie a agujas de 3 mm.

Vuelta dis D1 (3), (d2jun, d4) 11 veces, d2jun, d1 (3). **58 (62) p.**

R 1 vuelta.

Vuelta de ojete (derecho) D1, (hd, d2jun) hasta último p, d1.

Trabaje 2 vueltas en p de media.

Cierre.

pernera izquierda

Con agujas de 3 mm, monte 66 (72) p.

Vuelta elástico * D1, r1; rep desde * hasta el final.

Elástico 9 vueltas más.

Cambie a agujas de 3 ¼ mm.

Parte posterior

Sig 2 vueltas r6, dé la vuelta, desl 1, d hasta el final.

Sig 2 vueltas R12, dé la vuelta, desl 1, d hasta el final.

Sig 2 vueltas R18, dé la vuelta, desl 1, d hasta el final.

Sig 2 vueltas R24, dé la vuelta, desl 1, d hasta el final.

Sig 2 vueltas R30, dé la vuelta, desl 1, d hasta el final.

Sólo tamaño mayor

Sig 2 vueltas R36, dé la vuelta, desl 1, d hasta el final.

Ambos tamaños

Emp con 1 vuelta r, cont en p de media hasta que la labor mida 17 (19) cm a lo largo del borde corto, termine con una vuelta r.

Trabaje como la pernera derecha desde ** hasta el final.

confección

Una las costuras interiores de la pernera. Una la costura central delantera y la posterior.

Haga lo mismo con la cinta elástica.

Con punto de espiga por encima del elástico en la cintura, recubra la cinta elástica.

Doble el borde de las perneras de punto picot por el revés y cósalo

mantadetrenzas

medidas

Longitud 80 cm

Anchura 50 cm

materiales

7 ovillos de 50 g de Debbie Bliss Cashmerino Double Knitting en azul celeste

Agujas circulares de 3 ¼ y 4 mm

Aguja de trenza auxiliar

muestra

22 p y 30 vueltas para un cuadrado de 10 x 10 cm en punto de media con agujas de 4 mm.

abreviaturas

A8b = deslice los 8 puntos siguientes a la aguja auxiliar por detrás de la labor, d4, luego d4 desde la aguja auxiliar. *Véase* pág. 25.

confección

Con una aguja circular de 3 ¼ mm, monte 142 p.

D 8 vueltas.

Aum D6, * r4, d4, c1, d2, c1, d4; rep desde * hasta últimos 10 p, r4, d6. 160 p.

Cambie a la aguja circular de 4 mm.

Vuelta 1 (derecho) D4, r2, d4 * r2, d8, r2, d4; rep desde * hasta últimos 6 p, r2, d4.

Vuelta 2 D6, * r4, d2, r4, d6; rep desde * hasta últimos 10 p, r4, d6.

Vueltas 3 a 6 Rep vueltas 1 y 2 dos veces más.

Vuelta 7 D4, r2, d4, * r2, a8b, r2, d4; rep desde * hasta últimos 6 p, r2, d4.

Vuelta 8 D6, *r4, d6, r4, d2; rep desde * hasta últimos 10 p, r4, d6.

Vuelta 9 D4, r2, d4, * r2, d8, r2, d4; rep desde * hasta últimos 6 p, r2, d4.

Vueltas 10 a 18 Rep vueltas 8 y 9 cuatro veces, luego la vuelta 8 otra vez.

Vuelta 19 D4, r2, d4, * r2, a8b, r2, d4; rep desde * hasta últimos 6 p, r2, d4.

Vuelta 20 D6, * r4, d2, r4, d6; rep desde * hasta últimos 10 p, r4, d6.

Vuelta 21 D4, r2, d4, * r2, d8, r2, d4; rep desde * hasta últimos 6 p, r2, d4.

Vueltas 22 a 24 Rep 20 y 21 una vez, luego la vuelta 20 otra vez. Estas 24 vueltas forman el patrón.

Cont en el patrón hasta que la manta mida aprox. 78 cm desde el principio para acabar con una vuelta 23.

Vuelta dis D6, * r4, d3, d2jun, d2, d2jun, d3; rep desde * hasta últimos 10 p, r4, d6. 142 p.

Cambie a la aguja circular de 3 ¼ mm.

D 8 vueltas.

Cierre.

osito

tamaño

Aproximadamente 30 cm de altura

materiales

2 ovillos de 50 g de Debbie Bliss Baby Cashmerino en color piedra

Agujas de 3 mm

Relleno de juguetes lavable

Fieltro negro e hilo de coser a juego

muestra

27 p y 56 vueltas para un cuadrado de 10 x 10 cm en punto bobo
con agujas de 3 mm.

abreviaturas

Ddd = d delante y detrás del siguiente punto

Desld2junde = desl 1, d2jun, pase el punto deslizado
por encima del punto

Véase pág. 25

cuerpo

Haga 2 piezas; emp por los hombros.

Con agujas de 3 mm, monte 22 p.

D 10 vueltas.

Cont en p bobo y aum 1 p en cada extremo de la vuelta sig y 6 en las sig 6 vueltas. **36 p.**

D 7 vueltas.

Base

Vuelta sig D1, ppde, d13, d2jun, ppde, d13, d2jun, d1. **32 p.** D 1 vuelta.

Vuelta sig D1, ppde, d11, d2jun, ppde, d11, d2jun, d1. **28 p.** D 1 vuelta.

Vuelta sig D1, ppde, d9, d2jun, ppde, d9, d2jun, d1. **24 p.** D 1 vuelta.

Cont y dis 4 p en cada vuelta alterna de esta manera hasta 8 p rest. D 1 vuelta.

Vuelta sig D1, desd2junde, d3jun, d1. **4 p.**

Vuelta sig (D2jun) 2 veces.

Vuelta sig D2jun y remate.

cabeza

Trabaje en una pieza.

Con agujas de 3 mm, monte 32 p. D 2 vueltas.

Vuelta sig (ddd, d6, ddd) 4 veces. **40 p.** D 1 vuelta.

Vuelta sig (ddd, d8, ddd) 4 veces. **48 p.** D 1 vuelta.

Vuelta sig (ddd, d10, ddd) 4 veces. **56 p.** D 30 vueltas.

Coronilla

Vuelta sig (ppde, d10, d2jun) 4 veces. **48 p.** D 1 vuelta.

Vuelta sig (Ppde, d8, d2jun) 4 veces. **40 p.** D 1 vuelta.

Vuelta sig (Ppde, d6, d2jun) 4 veces. **32 p.** D 1 vuelta.

Vuelta sig (Ppde, d4, d2jun) 4 veces. **24 p.** D 1 vuelta.

Vuelta sig (Ppde, d2, d2jun) 4 veces. **16 p.** D 1 vuelta.

Vuelta sig (Ppde, d2jun) 4 veces. **8 p.** D 1 vuelta.

Vuelta sig (Ppde, d2jun) 2 veces. **4 p.**

Corte el hilo, ensarte a través de p rest, tire y remate.

hocico

Trabaje en 1 pieza.

Con agujas de 3 mm, monte 36 p. D 10 vueltas.

Vuelta sig * D1, d2jun; rep desde * hasta el final. **24 p.** D 1 vuelta.

Vuelta sig (D2jun) hasta el final. **12 p.** D 1 vuelta.

Corte el hilo, ensarte a través de p, tire y remate.

patas

Haga 2 piezas.

Con agujas de 3 mm, monte 8 p. D 20 vueltas para la planta.

Pie

Cont en p bobo y monte 14 p al principio de sig 2 vueltas. **36 p.** D 6 vueltas.

Dis 1 p al principio de las sig 10 vueltas. **26 p.** D 30 vueltas.

Parte superior

Vuelta sig D5, ppde, d2jun, d8, ppde, d2jun, d5. **22 p.** D 1 vuelta.

Vuelta sig D4, ppde, d2jun, d6, ppde, d2jun, d4. **18 p.** D 1 vuelta.

Vuelta sig D3, ppde, d2jun, d4, ppde, d2jun, d3. **14 p.** D 1 vuelta.

Vuelta sig D2, ppde, d2jun, d2, ppde, d2jun, d2. 10 p. D 1 vuelta.

Vuelta sig D1, ppde, d2jun, ppde, d2jun, d1. 6 p.

Vuelta sig (D2jun) 3 veces.

Vuelta sig D3jun y remate.

brazos

Haga 2 piezas.

Con agujas de 3 mm, monte 4 p. D 1 vuelta.

Vuelta sig (Ddd) 3 veces, d1. 7 p. D 1 vuelta.

Vuelta sig (Ddd) 6 veces, d1. 13 p. D 1 vuelta.

Vuelta sig (Ddd) 12 veces, d1. 25 p. D 36 vueltas.

Coronilla

Vuelta sig D2jun prbu, d8, d2jun, d1, d2jun prbu, d8, d2jun. 21 p. D 1 vuelta.

Vuelta sig D2jun prbu, d6, d2jun, d1, d2jun prbu, d6, d2jun. 17 p. D 1 vuelta.

Vuelta sig D2jun prbu, d4, d2jun, d1, d2jun prbu, d4, d2jun. 13 p. D 1 vuelta.

Vuelta sig D2jun prbu, d2, d2jun, d1, d2jun prbu, d2, d2jun. 9 p. D 1 vuelta.

Vuelta sig D2jun prbu, d2jun, d1, d2jun prbu, d2jun. 5 p. D 1 vuelta.

Vuelta sig D2jun prbu, d1, d2jun. 3 p.

Vuelta sig D3jun y remate.

orejas

Haga 2 piezas

Con agujas de 3 mm, monte 13 p. D 4 vueltas.

Dis 1 p en cada extremo de la sig vuelta y 3 en las sig vueltas alternas. 5 p. D 1 vuelta.

Aum 1 p en cada extremo de la sig vuelta y 3 en las sig vueltas alternas. 13 p. D 4 vueltas.

Cierre.

confección

Cosa las dos piezas del cuerpo, dejando los hombros abiertos. Coloque el relleno de manera uniforme y una las costuras. Cosa la parte posterior de la cabeza y deje el cuello abierto. Coloque el relleno de manera uniforme. Cosa el hocico y deje un borde abierto. Rellene ligeramente y acabe de unir a la cabeza. Cosa la base de la cabeza a los hombros. Doble las orejas por la mitad, coloque en la cabeza y cosa. Cosa las patas por delante dejando una abertura en la parte superior, y cosa las plantas. Rellene las patas de forma uniforme y cósalas al cuerpo. Cosa los brazos dejando una abertura en la parte superior, rellene y cosa al cuerpo. Corte dos círculos pequeños de fieltro negro para los ojos y un cuarto de círculo para la nariz y colóquelos en la cara.

tamaños

Aproximadamente 8 (9: 10) cm corazones pequeños (medianos: grandes)

materiales

Restos de ovillos de 50 g de Debbie Bliss Cotton Dk en color crudo (A), azul celeste (B), verde lima (C) y rosa claro (D)

Agujas de 4 mm

120 cm de cinta estrecha

muestra

20 p y 28 vueltas para un cuadrado de 10 x 10 cm en punto de media con agujas de 4 mm

abreviaturas

Ddd = d delante y detrás del siguiente punto

Véase pág. 25

móvil de corazones

nota

Las instrucciones proporcionadas son válidas para los corazones y los esquemas para los diseños que hemos utilizado aquí. Si lo desea, puede dibujar otras formas en papel milimetrado y crear sus propios diseños. Lleve los hilos que no se utilizan por la parte del revés de la labor, y si tiene más de 4 p, téjalos por el revés. Cuando trabaje manchas grandes, retuerza los hilos cuando cambie de color para evitar que se formen agujeros.

corazones

(2 de cada tamaño)

Con agujas de 4 mm, monte 2 p.

Vuelta 1 R2.

Vuelta 2 (del derecho) Ddd, ddd, 4 p.

Vuelta 3 R.

Vuelta 4 D1, c1, d hasta el último p, c1, d1.

Rep las últimas 2 vueltas hasta tener 14 (16: 18) p, termine con una vuelta del revés.

Trabaje 3 vueltas en p de media.

Vuelta sig como la vuelta 4. **16** (18: 20) p.

Trabaje 3 (5: 5) vueltas en p de media.

Sólo corazones pequeños y medianos

Vuelta sig desl2d, d4 (5), d2jun, dé la vuelta y cont solamente en estos 6 (7) p.

R 1 vuelta.

Vuelta sig desl2d, d4 (5).

R 1 vuelta.

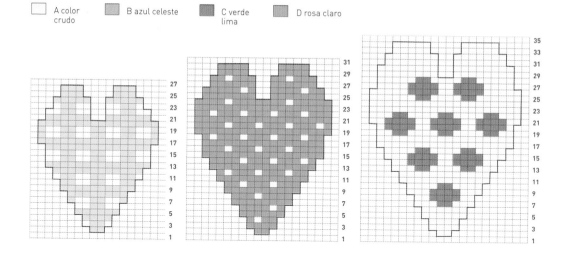

| | A color crudo | | B azul celeste | | C verde lima | | D rosa claro |

Vuelta sig des l2d, d1 (2), d2jun.

R 1 vuelta.

Cierre.

Por el derecho, una el hilo a los p rest, desl2d, d4 (5), d2jun.

R 1 vuelta.

Vuelta sig D4 (5), d2jun.

R 1 vuelta.

Vuelta sig desl2d, d1 (2), d2jun.

R 1 vuelta

Cierre.

Sólo corazones grandes

Vuelta sig desl2d, d hasta últimos 2 p, d2jun. 18 p.

R 1 vuelta.

Vuelta sig desl2d, d5, d2jun, dé la vuelta y cont sólo en estos 7 p.

** trabaje 3 vueltas en p de media.

Vuelta sig desl2d, d3, d2jun.

R 1 vuelta.

Cierre. **

Del derecho, una el hilo a los p rest, desl2d, d5, d2jun.

Trabaje como la primera parte a partir de ** hasta **.

confección

Una los corazones por pares por los bordes exteriores. Pase la cinta por el corazón pequeño, de arriba abajo, y deje una lazada en la parte superior. Ate los dos cabos juntos por debajo del corazón para que éste no se desplace por la cinta. Pase la cinta por el corazón mediano y haga un nudo en la base y, a continuación, pásela por el corazón grande y anude al final.

manta con diferentes tipos de dibujo

tamaño

Aproximadamente 90 x 110 cm

materiales

15 ovillos de 50 g de Debbie Bliss Baby Cashmerino en color crudo (CP)

Hilo de otro color que contraste (CC) para los bordados

Agujas circulares de 3 y de 3 ¼ mm

Aguja auxiliar de trenza

muestra

25 p y 34 vueltas para un cuadrado de 10 x 10 cm en p de media con agujas de 3 ¼ mm

abreviaturas

A4b = deslice 2 puntos en la aguja auxiliar y manténgalos detrás de la labor, d2, d2

A4a = deslice los 2 puntos siguientes a la aguja auxiliar por delante de la labor, luego d2

A5a = deslice 3 puntos en la aguja auxiliar y manténgalos delante de la labor, d2, deslice el p r de la aguja auxiliar a la izquierda, r este p, d 2

A6b = deslice los 3 puntos siguientes a la aguja auxiliar y manténgalos detrás de la labor, d3, d3

A6a = deslice los 3 puntos siguientes en la aguja auxiliar y manténgalos delante de la labor, d3, d3

A3br =deslice siguiente punto en la aguja auxiliar y manténgalos detrás de la labor, d2, r1

A3ar = deslice los 2 puntos siguientes en la aguja auxiliar y manténgalos delante de la labor, r1, d2

A4br = deslice los 2 puntos siguientes en la aguja auxiliar y manténgalos detrás de la labor, d2, p2

A4ar = deslice los 2 puntos siguientes en la aguja auxiliar y manténgalos delante de la labor, r2, d2

A5br = deslice los 2 puntos siguientes en la aguja auxiliar y manténgalos detrás de la labor, d3, r2

A5ar = deslice los 3 puntos siguientes en la aguja auxiliar y manténgalos delante de la labor, r2, d3

T5L = deslice los 2 puntos siguientes en la aguja auxiliar y manténgalos delante de la labor, d2, r1, d2

MB = d por delante, detrás y delante del siguiente punto (dé la vuelta y d3) 3 veces, dé la vuelta y deslice 1 punto, d2jun, ppde

Véase también pág. 25

motivo A
(trabajado sobre 40 p)

Vuelta 1 (del derecho) R9, T5L, r12, T5L, r9.

Vuelta 2 D9, r2, d1, r2, d12, r2, d1, r2, d9.

Vuelta 3 R8, a3br, d1, a3ar, r10, a3br, d1, a3ar, r8.

Vuelta 4 D8, r2, d1, r1, d1, r2, d10, r2, d1, r1, d1, r2, d8.

Vuelta 5 R7, a3br, d1, r1, d1, a3ar, r8, a3br, d1, r1, d1, a3ar, r7.

Vuelta 6 D7, r2, (d1, r1) 2 veces, d1, r2, d8, r2, (d1, r1) 2 veces, d1, r2, d7.

Vuelta 7 R6, a3br, (d1, r1) 2 veces, d1, a3ar, r6, a3br, (d1, r1) 2 veces, d1, a3ar, r6.

Vuelta 8 D6, r2, (d1, r1) 3 veces, d1, r2, d6, r2, (d1, r1) 3 veces, d1, r2, d6.

Vuelta 9 R5, a3br, (d1, r1) 3 veces, d1, a3ar, r4, a3br, (d1, r1) 3 veces, d1, a3ar, r5.

Vuelta 10 D5, r2, (d1, r1) 4 veces, d1, r2, d4, r2, (d1, r1) 4 veces, d1, r2, d5.

Vuelta 11 R4, a3br, (d1, r1) 4 veces, d1, a3ar, r2, a3br, (d1, r1) 4 veces, d1, a3ar, r4.

Vuelta 12 D4, r2, (d1, r1) 5 veces, d1, r2, d2, r2, (d1, r1) 5 veces, d1, r2, d4.

Vueltas 13 a la 36 Rep de la vuelta 1 a la 12, 2 veces más.

Vuelta 37 R4, d3, (r1, d1) 4 veces, r1, d3, r2, d3 (r1, d1) 4 veces, r1, d3, r4.

Vuelta 38 D4, r3, (d1, r1) 4 veces, d1, r3, d2, r3, (d1, r1) 4 veces, d1, r3, d4.

motivo B
(trabajado sobre 40 p)

Vuelta 1 (del derecho) R9, a3br, r5, a6b, r5, a3ar, r9.

Vuelta 2 D9, r2, d6, r6, d6, r2, d9.

Vuelta 3 R8, a3br, r4, a5br, a5ar, r4, a3ar, r8.

Vuelta 4 D8, r2, d5, r3, d4, r3, d5, r2, d8.

Vuelta 5 R7, a3br, r3, a5br, r4, a5ar, r3, a3ar, r7.

Vuelta 6 D7, r2, d1, MB, d2, r3, d8, r3, d2, MB, d1, r2, d7.

Vuelta 7 R7, a3ar, r3, d3, r8, d3, r3, a3br, r7.

Vuelta 8 D8, r2, d3, r3, d8, r3, d3, r2, d8.

▶

Vuelta 9 R8, a3ar, r2, a5ar, r4, a5br, r2, a3br, r8.
Vuelta 10 D9, r2, (d4, r3) 2 veces, d4, r2, d9.
Vuelta 11 R9, a3ar, r3, a5ar, a5br, r3, a3br, r9.
Vuelta 12 D8, MB, d1, r2, d5, r6, d5, r2, d1, MB, d8.
Vueltas 13 a la 38 Rep de la vuelta 1 a la 12, 2 veces más, después vuelta 1 y 2 de nuevo.

motivo C
(trabajado sobre 40 p)

Vuelta 1 (del derecho) R10, a5a, r10, a5a, r10.
Vuelta 2 D10, r2, d1, r2, d10, r2, d1, r2, d10.
Vuelta 3 R9, a3br, d1, a3ar, r8, a3br, d1, a3ar, r9.
Vuelta 4 D9, r2, d1, r1, d1, r2, d8, r2, d1, r1, d1, r2, d9.
Vuelta 5 R8, a3br, d1, r1, d1, a3ar, r6, a3br, d1, r1, d1, a3ar, r8.
Vuelta 6 D8, r2, (d1, r1) 2 veces, d1, r2, d6, r2, (d1, r1) 2 veces, d1, r2, d8.
Vuelta 7 R7, a3br, (d1, r1) 2 veces, d1, a3ar, r4, a3br, (d1, r1) 2 veces, d1, a3ar, r7.
Vuelta 8 D7, r2, (d1, r1) 3 veces, d1, r2, d4, r2, (d1, r1) 3 veces, d1, r2, d7.
Vuelta 9 R6, a3br, (d1, r1) 3 veces, d1, a3ar, r2, a3br, (d1, r1) 3 veces, d1, a3ar, r6.
Vuelta 10 D6, r2, (d1, r1) 4 veces, d1, r2, d2, r2, (d1, r1) 4 veces, d1, r2, d6.
Vuelta 11 R6, a3ar, (r1, d1) 3 veces, r1, a3br, r2, a3ar, (r1, d1) 3 veces, r1, a3br, r6.
Vuelta 12 como la vuelta 8.
Vuelta 13 R7, a3ar, (r1, d1) 2 veces, r1, a3br, r4, a3ar, (r1, d1) 2 veces, r1, a3br, r7.
Vuelta 14 como la vuelta 6.
Vuelta 15 R8, a3ar, r1, d1, r1, a3br, r6, a3ar, r1, d1, r1, a3br, r8.
Vuelta 16 como la vuelta 4.
Vuelta 17 R9, a3ar, r1, a3br, r8, a3ar, r1, a3br, r9.
Vuelta 18 como la vuelta 2.
De la vuelta 19 a la 38 Rep de la vuelta 1 a la 18 una vez más y después la 1 y la 2 de nuevo.

motivo D
(trabajado sobre 40 p)

Vuelta 1 R8, d2, r8, a4b, r8, d2, r8.
Vuelta 2 D8, r2, d8, r4, d8, r2, d8.
Vuelta 3 D8, a4ar, r4, a4br, a4ar, r4, a4br, r8.
Vuelta 4 D10, (r2, d4) 3 veces, r2, d10.
Vuelta 5 R10, a4ar, a4br, r4, a4ar, a4br, r10.
Vuelta 6 D12, r4, d8, r4, d12.
Vuelta 7 R12, a4b, r4, MB, r3, a4a, r12.
Vuelta 8 como la vuelta 6.
Vuelta 9 R10, a4br, a4ar, r4, a4br, a4ar, r10.
Vuelta 10 como la vuelta 4.
Vuelta 11 R8, a4br, r4, a4ar, a4br, r4, a4ar, r8.
Vuelta 12 como vuelta 2.
Vuelta 13 R8, d2, r4, MB, r3, a4b, r4, MB, r3, d2, r8.
Vuelta 14 D8, r2, d8, r4, d8, r2, d8.
De la vuelta 15 a la 26 Rep de la vuelta 3 a la 14 una vez más.
De la vuelta 27 a la 36 Rep de la vuelta 3 a la 12.
Vueltas 37 y 38 como la vuelta 1 y la 2.

confección

Con una aguja circular de 3 mm y CP, monte 240 p.

D 19 vueltas.

Vuelta 1 D10, (r1, d1) hasta últimos 12 p, r1, d11.

Vuelta 2 D11, (r1, d1) hasta últimos 11 p, r1, d10.

Rep estas 2 últimas vueltas 3 veces más.

Cambie a una aguja circular de 3 ¼ mm.

Motivos vuelta 1

Vuelta 1 (del derecho) D10, p de arroz 5, (r38, p de arroz 5) hasta últimos 53 p, d38, p de arroz 5, d10.

Vuelta 2 D10, p de arroz 5, r38, p de arroz 5, (d38, p d arroz 5) hasta últimos 10 p, d10.

Vuelta 3 como vuelta 1.

Vuelta 4 (aum) (del revés) D10, p de arroz 5, r 38, p de arroz 5, d18, c1, d2, c1, d18, p de arroz 5, d11, c1, d16, c1, d11, p de arroz 5, d18, c1, d2, c1, d18, p de arroz 5, d10, c1, d18, c1, d10, p de arroz 5, d10. 248 p.

Vuelta 5 D10, p de arroz 5, trabaje en la vuelta 1 del motivo A, p de arroz 5, trabaje en la vuelta 1 del motivo D, p de arroz 5, trabaje en la vuelta 1 del motivo C, p de arroz 5, trabaje en la vuelta 1 del motivo B, p de arroz 5, d38, p de arroz 5, d10.

Vuelta 6 D10, p de arroz 5, r 38, p de arroz 5, trabaje en la vuelta 2 del motivo B, p de arroz 5, trabaje en la vuelta 2 del motivo C, p de arroz 5, trabaje en la vuelta 2 del motivo D, p de arroz 5, trabaje en la vuelta 2 del motivo A, p de arroz 5, d10.

Las últimas 2 vueltas marcan la posición de los motivos con p de arroz entre ellos y p bobo en el borde.

Trabaje 36 vueltas más según patrón.

Vuelta 43 (dis) D10, p de arroz 5, r9, r2jun, r18, r2jun, r9, p de arroz 5, r18, (r2jun) 2 veces, r18, p de arroz 5, r10, r2jun, r16, r2jun, r10, p de arroz 5, r18, (r2jun) 2 veces, r18, p de arroz 5, d38, p de arroz 5, d10. 240 p.

Vuelta 44 D10, p de arroz 5, r38, p de arroz 5, (d38, p de arroz 5) hasta últimos 10 p, d10.

Vueltas 45 y 46 como vueltas 1 y 2.

Cambie a aguja circular de 3 mm.

Vuelta 1 D10, (r1, d1) hasta últimos 12 p, r1, d11.

Vuelta 2 D11, (r1, d1) hasta últimos 11 p, r1, d10.

Rep últimas 2 vueltas 3 veces más.

Cambie a aguja circular de 3 ¼ mm.

**Motivos vuelta 2

Vuelta 1 (del derecho) D10, p de arroz 5, (r38, p de arroz 5) hasta últimos 10 p, d10.

Vuelta 2 D10, p de arroz 5, (d38, p de arroz 5) hasta últimos 10 p, d10.

Vuelta 3 como vuelta 1.

Vuelta 4 (aum) (del revés) D10, p de arroz 5, d18, c1, d2, c1, d18, p de arroz 5, d11, c1, d16, c1, d11, p de arroz 5, d18, c1, d2, c1, d18, p de arroz 5, d10, c1, d18, c1, d10, p de arroz 5, d18, c1, d2, c1, d18, p de arroz 5, d10. 250 p.

Vuelta 5 D10, p de arroz 5, trabaje en la vuelta 1 del motivo B, p de arroz 5, trabaje en la vuelta 1 del motivo A, p de arroz 5, trabaje en la vuelta 1 del motivo D, p de arroz 5, trabaje en la vuelta 1 del motivo C, p de arroz 5, trabaje en la vuelta 1 del motivo B, p de arroz 5, d10.

Vuelta 6 D10, p de arroz 5, trabaje en la vuelta 2 del motivo B, p de arroz 5, trabaje en la vuelta 2 del motivo C, p de arroz 5, trabaje en la vuelta 2 del motivo D, p de arroz 5, trabaje en la vuelta 2 del motivo A, p de arroz 5, trabaje en la vuelta 2 del motivo B, p de arroz 5, d10.

Las últimas 2 vueltas marcan la posición de los motivos con p de arroz entre ellos y p bobo en el borde.

Trabaje 36 vueltas más según patrón.

Vuelta 43 (dis) D10, p de arroz 5, r18, (r2jun) 2 veces, r18, p de arroz 5, r9, r2jun, r18, r2jun, r9, p de arroz 5, r18, (r2jun) 2 veces, r18, p de arroz 5, r10, r2jun, r16, r2jun, r10, p de arroz 5, r 18, (r2jun) 2 veces, r 18, p de arroz 5, d10. 240 p.

Vuelta 44 D10, p de arroz 5, (d38, p de arroz 5) hasta últimos 10 p, d 10.

Vueltas 45 y 46 como las vueltas 1 y 2.

Cambie a una aguja circular de 3 mm.

Vuelta 1 D10, (r1, d1) hasta últimos 12 p, r1, d11.

Vuelta 2 D11, (r1, d1) hasta últimos 11 p, r1, d10.

Rep últimas 2 vueltas 3 veces más.

Cambie a una aguja circular de 3 ¼ mm.

Motivos vuelta 3

Vuelta 1 (del derecho) D10, p de arroz 5, (r38, p de arroz 5) hasta últimos 10 p, d10.

Vuelta 2 D10, p de arroz 5, (d38, p de arroz 5) hasta últimos 10 p, d10.

Vuelta 3 como vuelta 1.

Vuelta 4 (aum) (del revés) D10, p de arroz 5, d11, c1, d16, c1, d11, p de arroz 5, d18, c1, d2, c1, d18, p de arroz 5, d10, c1, d18, c1, d10, p de arroz 5, d18, c1, d2, c1, d18, p de arroz 5, d11, c1, d16, c1, d11, p de arroz 5, d10. 250 p.

Vuelta 5 D10, p de arroz 5, trabaje en la vuelta 1 del motivo C, p de arroz 5, trabaje en la vuelta 1 del motivo B, p de arroz 5, trabaje en la vuelta 1 del motivo A, p de arroz 5, trabaje en la vuelta 1 del motivo D, p de arroz 5, trabaje en la vuelta 1 del motivo C, p de arroz 5, d10.

Vuelta 6 D10, p de arroz 5, trabaje en la vuelta 2 del motivo C, p de arroz 5, trabaje en la vuelta 2 del motivo D, p de arroz 5, trabaje en la vuelta 2 del motivo A, p de arroz 5, trabaje en la vuelta 2 del motivo B, p de arroz 5, trabaje en la vuelta 2 del motivo C, p de arroz 5, d10.

Las últimas 2 vueltas **marcan** la posición de los motivos con p de arroz entre ellos y p bobo en el borde.

Trabaje 36 vueltas más según patrón.

Vuelta 43 (dis) D10, p de arroz 5, r10, r2jun, r16, r2jun, r10, p de arroz 5, r18, (r2jun) 2 veces, r18, p de arroz 5, r9, r2jun, r18, r2jun, r9, p de arroz 5, r18, (r2jun) 2 veces, r18, p de arroz 5, r 10, r2jun, r 16, r2jun, r10, p de arroz 5, d10. 240 p.

Vuelta 44 D10, p de arroz 5, (d38, p de arroz 5) hasta últimos 10 p, d 10.

Vueltas 45 y 46 como las vueltas 1 y 2.

Cambie a una aguja circular de 3 mm.

Vuelta 1 D10, (r1, d1) hasta últimos 12 p, r1, d11.

Vuelta 2 D11, (r1, d1) hasta últimos 11 p, r1, d10.

Rep últimas 2 vueltas 3 veces más. **

Cambie a una aguja circular de 3 ¼ mm.

Motivos vuelta 4

Vuelta 1 (del derecho) D10, p de arroz 5, (r38, p de arroz 5) hasta últimos 10 p, d10.

Vuelta 2 D10, p de arroz 5, (d38, p de arroz 5) hasta últimos 10 p, d10.

Vuelta 3 como vuelta 1.

Vuelta 4 (aum) (del revés) D10, p de arroz 5, d18, c1, d2, c1, d18, p de arroz 5, d10, c1, d18, c1, d10, p de arroz 5, d18, c1, d2, c1, d18, p de arroz 5, d11, c1, d16, c1, d11, p de arroz 5, d18, c1, d2, c1, d18, p de arroz 5, d10. 250 p.

Vuelta 5 D10, trabaje en la vuelta 1 del motivo D, p de arroz 5, trabaje en la vuelta 1 del motivo C, p de arroz 5, trabaje en la vuelta 1 del motivo B, p de arroz 5, trabaje en la vuelta 1 del motivo A, p de arroz 5, trabaje en la vuelta 1 del motivo D, p de arroz 5, d10.

Vuelta 6 D10, p de arroz 5, trabaje en la vuelta 2 del motivo D, p de arroz 5, trabaje en la vuelta 2 del motivo A, p de arroz 5, trabaje en la vuelta 2 del motivo B, p de arroz 5, trabaje en la vuelta 2 del motivo C, p de arroz 5, trabaje en la vuelta 2 del motivo D, p de arroz 5, d10.

Las últimas 2 vueltas **marcan** la posición de los motivos con p de arroz entre ellos y p bobo en el borde.

Trabaje 36 vueltas más según patrón.

Vuelta 43 (dis) D10, p de arroz 5, r18, (r2jun) 2 veces, r18, p de arroz 5, r10, r2jun, r16, r2jun, r10, p de arroz 5, r18, (r2jun) 2 veces, r18, p de arroz 5, r9, r2jun, r18, r2jun, r9, p de arroz 5, r18, (r2jun) 2 veces, r 18, p de arroz 5, d10. 240 p.

Vuelta 44 D10, p de arroz 5, (d38, p de arroz 5) hasta últimos 10 p, d 10.

Vueltas 45 y 46 como las vueltas 1 y 2.

Cambie a una aguja circular de 3 mm.

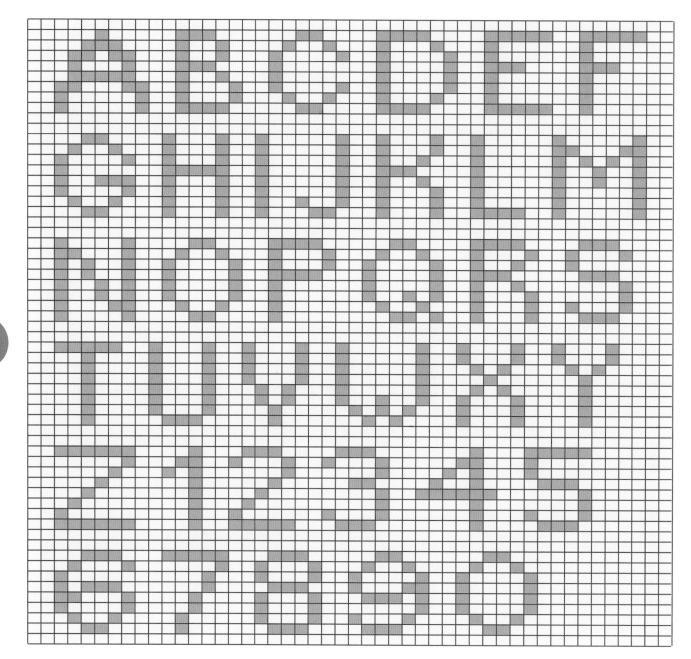

Vuelta 1 D10 (r1, d1) hasta últimos 12 p, r1, d11.

Vuelta 2 D11, (r1, d1) hasta últimos 11 p, r1, d10.

Rep últimas 2 vueltas 3 veces más.

Cambie a una aguja circular de 3 ¼ mm.

Motivos vuelta 5

Vuelta 1 (del derecho) D10, p de arroz 5, (r38, p de arroz 5) hasta últimos 10 p, d10.

Vuelta 2 D10, p de arroz 5, (d38, p de arroz 5) hasta últimos 10 p, d10.

Vuelta 3 como vuelta 1.

Vuelta 4 (aum) (del revés) D10, p de arroz 5, d10, c1, d18, c1, d10, p de arroz 5, d18, c1, d2, c1, d18, p de arroz 5, d11, c1, d16, c1, d11, p de arroz 5, d18, c1, d2, c1, d18, p de arroz 5, d10, c1, d18, c1, d10, p de arroz 5, d10. 250 p.

Vuelta 5 D10, p de arroz 5, trabaje en la vuelta 1 del motivo A, p de arroz 5, trabaje en la vuelta 1 del motivo D, p de arroz 5, trabaje en la vuelta 1 del motivo C, p de arroz 5, trabaje en la vuelta 1 del motivo B, p de arroz 5, trabaje en la vuelta 1 del motivo A, p de arroz 5, d10.

Vuelta 6 D10, p de arroz 5, trabaje en la vuelta 2 del motivo A, p de arroz 5, trabaje en la vuelta 2 del motivo B, p de arroz 5, trabaje en la vuelta 2 del motivo C, p de arroz 5, trabaje en la vuelta 2 del motivo D, p de arroz 5, trabaje en la vuelta 2 del motivo A, p de arroz 5, d10.

Las últimas 2 vueltas **marcan** la posición de los motivos con p de arroz entre ellos y p bobo en el borde.

Trabaje 36 vueltas más según patrón.

Vuelta 43 (dis) D10, p de arroz 5, r9, r2jun, r18, r2jun, r9, p de arroz 5, r18, (r2jun) 2 veces, r18, p de arroz 5, r10, r2jun, r16, r2jun, r10, p de arroz 5, r18, (r2jun) 2 veces, r18, p de arroz 5, r 9, r2jun, r 18, r2jun, r9, p de arroz 5, d10. 240 p.

Vuelta 44 D10, p de arroz 5, (d38, p de arroz 5) hasta últimos 10 p, d 10.

Vueltas 45 y 46 como las vueltas 1 y 2.

Cambie a una aguja circular de 3 mm.

Vuelta 1 D10, (r1, d1) hasta últimos 12 p, r1, d11.

Vuelta 2 D11, (r1, d1) hasta últimos 11 p, r1, d10.

Rep últimas 2 vueltas 3 veces más.

Cambie a una aguja circular de 3 ¼ mm.

Motivos vueltas 6 y 7

Trabaje como los motivos de las vueltas 2 y 3 desde ** hasta **.

D 19 vueltas.

Cierre.

bordados

Utilice las letras y los números del esquema de la página anterior y, con un hilo que contraste (CC), borde en punto jacquard las iniciales y la fecha de nacimiento en el cuadrado liso situado en el extremo inferior izquierdo.

perchas de
estilo jacquard

tamaño
Para una percha de madera de 22 cm

materiales
1 ovillo de 50 g (o restos) de Debbie Bliss Baby Cashmerino de cada uno de los siguientes colores:
rosa claro, verde lima, azul verdoso, azul celeste, crudo, rojo y rosa
Agujas de 3 ¼ mm
Perchas de madera de 22 cm
Relleno de poliéster
30 cm de cinta estrecha

muestra
25 p y 34 vueltas para 10 cm de este estilo con agujas de 3 ¼ mm.

abreviaturas
Véase pág. 25

nota
Quizás le resulte difícil conseguir perchas de 22 cm; en este caso, puede cortar una percha estándar
con una sierra. Si quiere utilizar una percha de diferente anchura, tendrá que calcular el número
de puntos. El patrón se trabaja sobre un múltiplo de 8 puntos, más 1 punto de borde.

confección

Con agujas de 3 ¼ mm y el color principal que haya escogido, monte 57 p.
Emp con 1 vuelta d, trabaje 2 vueltas en p de media.
Cont en p de media y trabaje siguiendo el siguiente esquema:
Vuelta 1 del esquema (del derecho) D1 p del borde, (d8 patrón rep p) 7 veces.
Vuelta 2 del esquema (R8 patrón rep p) 7 veces, r1 p del borde.
Estas 2 vueltas **marcan** la posición del esquema y se repiten.
Cont hasta que se hayan trabajado las 15 vueltas del esquema, después rep estas 15 vueltas una vez más.
Cierre.

acabado

Forre la percha con el relleno de poliéster y cósala. Doble la labor por la mitad para que coincida
el borde montado y el cerrado y cosa por los lados. Busque el centro de la funda e introduzca el
gancho. Ponga la funda tejida en la percha y una el borde montado con el cerrado. Ate un lacito
en la base del gancho.

	rosa claro		verde lima		azul verdoso		azul celeste		crudo		rojo		rosa

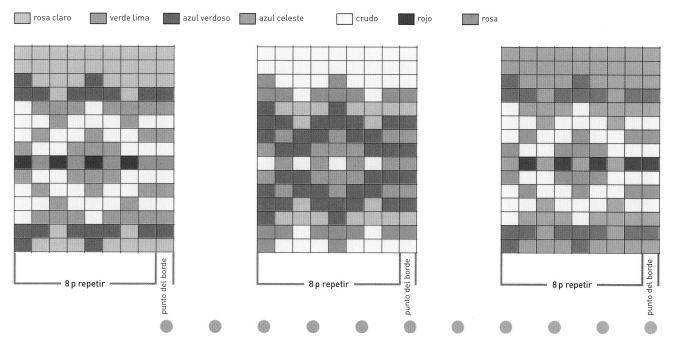

8 p repetir — punto del borde

8 p repetir — punto del borde

8 p repetir — punto del borde

232 chalecocontrenzas

medidas

Para edades de 3-6 (6-9: 9-12: 12-18: 18-24) meses

medidas reales

Pecho 45 (48: 52: 56: 60) cm

Largo de hombros 22 (24: 26: 30: 32) cm

materiales

2 (2: 2: 3: 3) ovillos de 50 g de Debbie Bliss Baby Cashmerino de color índigo

Agujas de 3 y 3 ¼ mm

Aguja circular de 3 mm

Aguja de trenza auxiliar

2 botones pequeños

muestra

32 p y 34 vueltas para un cuadrado de 10 x 10 cm del patrón con agujas de 3 ¼ mm

abreviaturas

A4b = deslice 2 puntos en la aguja auxiliar y resérvelos detrás de la labor,
d2, luego d2 desde la aguja auxiliar

Véase pág. 25

espalda

** Con agujas de 3 ¼ mm, monte 74 (80: 86: 92: 98) p.

Vuelta 1 (del derecho) [D2, r1] 1 (2: 3: 4: 5) veces, [d4, r1, d2, r1] 8 veces, d4, [r1, d2] 1 (2: 3: 4: 5) veces.

Vuelta 2 [R2, d1] 1 (2: 3: 4: 5) veces, [r4, d1, r2, d1] 8 veces, r4, [d1, r2] 1 (2: 3: 4: 5) veces.

Vuelta 3 [D2, r1] 1 (2: 3: 4: 5) veces, [a4b, r1, d2, r1] 8 veces, a4b, [r1, d2] 1 (2: 3: 4: 5) veces.

Vuelta 4 Como vuelta 2.

Estas 4 vueltas forman la muestra de trenza y elástico y se van repitiendo.

Cont según patrón hasta que la espalda mida 12 (13: 14: 17: 19) cm desde el principio para acabar con una vuelta en el revés.

Sisas

Cierre 4 (4: 5: 5: 6) p al principio de las siguientes 2 vueltas. 66 (72: 76: 82: 86) p.

Dis 1 p en cada extremo de la vuelta sig y las 5 (5: 7: 7: 7) sig vueltas alternas. 54 (60: 60: 66: 70) p **.

Cont según patrón hasta que la espalda mida 17 (19: 21: 24: 26) cm desde el principio, acabe con una vuelta en el revés.

División para la abertura del cuello

Vuelta sig Patrón 24 (27: 27: 30: 32), dé la vuelta y monte 5 p.

Cont con estos 29 (32: 32: 35: 37) p sólo para el primer lado del cuello, deje rest p en una aguja auxiliar.

Vuelta sig (revés) D1, r3, d1, patrón hasta el final.

Vuelta sig Patrón hasta últimos 5 p, r1, d3, r1.

Rep estas 2 vueltas hasta que la espalda mida 21 (23: 25: 29: 31) cm desde el principio, acabe con una vuelta en el revés.

Parte posterior del cuello

Sig 2 vueltas Patrón hasta últimos 10 p, deslice estos puntos a la espera, dé la vuelta y siga el patrón hasta el final.

Sig 2 vueltas Patrón hasta últimos 5 p, deslice estos puntos a la espera, dé la vuelta y siga el patrón hasta el final.

14 (17: 17: 20: 22) p.

Cierre rest p hombro, trabaje 2 p jun en el centro de cada trenza.

Por el derecho, una a 30 (33: 33: 36: 38) p en aguja auxiliar, patrón hasta el final.

Patrón 7 vueltas.

Vuelta ojales (del derecho) R1, d1, hsa, d2jun, patrón hasta el final.

Cont según patrón hasta que la espalda mida 21 (23: 25: 29: 31) cm desde el principio, acabe con una vuelta en el revés.

Parte posterior del cuello

Vuelta sig (derecho) Patrón 11 y desl estos p a la espera, patrón hasta el final.

Patrón 1 vuelta.

Vuelta sig Patrón 5 y desl estos p a la misma aguja en espera, patrón hasta el final.

Patrón 1 vuelta. 14 (17: 17: 20: 22) p.

Cierre rest p hombro, trabaje 2 p jun en el centro de cada trenza.

delantero

Trabaje como hasta ahora desde ** a **.

Cont según patrón hasta que el delantero mida 16 (18: 20: 23: 25) cm desde el principio, acabe con una vuelta en el revés.

Cuello

Vuelta sig Patrón 21 (24: 24: 27: 29) p, dé la vuelta y trabaje en estos p sólo por el primer lado del delantero del cuello.

Vuelta sig (del revés) Cierre 2 p, patrón hasta el final.

Patrón 1 vuelta.

Rep las últimas 2 vueltas una vez más.

Vuelta sig (revés) R1, r2jun, patrón hasta el final.

Vuelta sig Patrón hasta últimos 2 p, d2.

Rep las últimas 2 vueltas 2 veces más. **14 (17: 17: 20: 22) p.**

Cont hasta que el delantero mida lo mismo que de la espalda al hombro, termine con una vuelta del revés.

Cierre, trabaje 2 p jun en el centro de cada trenza.

Del derecho, desl centro 12 p en espera, una el hilo a p rest, patrón hasta el final.

Patrón 1 vuelta.

Vuelta sig Cierre 2 p, patrón hasta el final.

Patrón 1 vuelta.

Rep las últimas 2 vueltas una vez más.

Vuelta sig D1, ppde, patrón hasta el final.

Vuelta sig Patrón hasta los últimos 2 p, r2.

Rep las 2 últimas vueltas 2 veces más. **14 (17: 17: 20: 22) p.**

Trabaje de la misma forma hasta que el delantero mida lo mismo que de la espalda al hombro, termine con una vuelta del revés.

tira del cuello

Cierre, trabaje 2 p jun en el centro de cada trenza.

Cosa la costura de los hombros.

Por el derecho y con una aguja circular de 3 mm, trabaje en 16 p a la izquierda detrás del cuello del siguiente modo: [r1, patrón 4, r1, d2] dos veces, luego recoja 2 p en el borde posterior del cuello, y d16 (19: 19: 22: 22) p, baje delantero izquierdo de cuello, trabaje [r1, d2, r1, d4, r1, d2, r1] 12 p desde cuello delantero en espera, recoja y d16 (19: 19: 22: 22) subiendo por el delantero derecho, 2 p desde el borde posterior, luego trabaje 15 p en cuello posterior derecho en espera del siguiente modo: d2, r1, patrón 4, r1, d2, r1, d3, r1. **79 (85: 85: 91: 91) p.**

Vuelta 1 (del revés) D1, r3, d1, r2, d1, r4, [d1, r2] 8 (9: 9: 10: 10) veces, d1, r4, d1, [r2, d1] 8 (9: 9: 10: 10) veces, r4, d1, r2, d1, r4, d1.

Vuelta ojales R1, d1, hsa, d2jun, d1, r1, d2, r1, a4b, [r1, d2] 8 (9: 9: 10: 10) veces, r1, a4b, r1, [d2, r1] 8 (9: 9: 10: 11) veces, a4b, r1, d2, r1, d3, r1.

Vuelta 3 Como vuelta 1.

Vuelta 4 [R1, d4, r1, d2] dos veces, [r1, d2] 7 (8: 8: 9: 9) veces, r1, d4, r1, [d2, r1] 8 (9: 9: 10: 10) veces, d4, r1, d2, r1, d3, r1.

Cierre en patrón, trabajando [r2jun] dos veces en cada trenza mientras se cierra.

tira de los hombros

Por el derecho y con agujas de 3 mm, recoja y d62 (68: 74: 86: 92) p alrededor del borde de la sisa.

Vuelta 1 (del revés) [R2, d1] 3 (2: 5: 7: 8) veces, [r4, d1, r2, d1] 5 veces, r4, [d1, r2] 3 (2: 5: 7: 8) veces.

Vuelta 2 [D2, r1] 3 (4: 5: 7: 8) veces, [d4, r1, d2, r1] 5 veces, d4, [r1, d2] 3 (4: 5: 7: 8) veces.

Vuelta 3 Como vuelta 1.

Vuelta 4 [D2, r1] 3 (4: 5: 7: 8) veces, [a4b, r1, d2, r1] 5 veces, a4b, [r1, d2] 3 (4: 5: 7: 8) veces.

Cierre en patrón, trabajando [r2jun] dos veces en cada trenza mientras se cierra.

confección

Una y cosa las tiras de los brazos. Monte p en la abertura posterior detrás de la tira de los ojales.

Cosa los botones.

chaquetaarayas

medidas

Para edades de 3-6 (6-9: 9-12: 12-18: 18-24) meses

medidas reales

Pecho 51 (56: 60: 65: 70) cm

Largo de hombro 24 (26: 28: 32: 36) cm

Largo de manga 15 (17: 19: 22: 24) cm

materiales

2 (2: 2: 3: 3) ovillos de Debbie Bliss Baby Cashmerino en gris (M) y en color crudo (C)

Agujas de 3 y de 3 ¼ mm

Aguja circular de 3 mm

6 (6: 6: 7: 7) botones

muestra

25 p y 34 vueltas para un cuadrado de 10 x 10 cm en p de media con agujas de 3 ¼ mm

abreviaturas

Véase pág. 25

espalda

Con agujas de 3 mm y C, monte 65 (71: 77: 83: 89) p.

Vuelta 1 elástico D1, (r1, d1) hasta el final.

Cambie a M.

Vuelta 2 elástico R1, (d1, r1) hasta el final.

Con M, rep las últimas 2 vueltas 2 veces más.

Cambie a agujas de 3 ¼ mm.

Emp con una vuelta en d, trabaje en p de media y rayas de 2 vueltas C y 2 vueltas M, hasta que la espalda mida 14 (15: 16: 19: 22) cm desde el principio, termine con una vuelta r.

Sisas

Siguiendo con las rayas de p de media como se ha explicado, cierre 3 (3: 3: 4: 4) p al principio de las sig 2 vueltas.

Vuelta sig D2, ppde, d hasta últimos 4 p, d2jun, d2.

Vuelta sig R hasta el final.

Rep las 2 últimas vueltas 3 (4: 5: 5: 6) veces. 51 (55: 59: 63: 67) p.

Cont hasta que la espalda mida 24 (26: 28: 32: 36) cm desde el borde, termine con una vuelta r.

Hombros

Cierre 12 (13: 14: 15: 16) p al principio de las sig 2 vueltas.

Deje rest 27 (29: 31: 33: 35) p en espera.

delantero izquierdo

Con agujas de 3 mm y C, monte 33 (35: 39: 41: 45) p.

Vuelta 1 elástico R1, (d1, r1) hasta el final.

Cambie a M.

Vuelta 2 elástico D1, (r1, d1) hasta el final.

Con M, rep las últimas 2 vueltas 2 veces más.

Cambie a agujas de 3 ¼ mm **

Emp con una vuelta en d, trabaje en p de media y rayas de 2 vueltas C y 2 vueltas M, hasta que el delantero mida 14 (15: 16: 19: 22) cm desde el principio, termine con la misma vuelta de rayas que la espalda.

Sisas

Siguiendo con las rayas de p de media como se ha explicado, cierre 3 (3: 3: 4: 4) p al principio de la sig vuelta.

Trabaje 1 vuelta.

Vuelta sig D2, ppde, d hasta el final.

Vuelta sig R hasta el final.

Rep las 2 últimas vueltas 3 (4: 5: 5: 6) veces. 26 (27: 30: 31: 34) p.

Cont hasta que el delantero mida 19 (21: 22: 26: 29) cm desde el principio, termine con una vuelta r.

Cuello

Vuelta sig D hasta los últimos 4 (5: 5: 5: 6) p y deje estos p en espera.

Dis 1 p en el borde del cuello en cada vuelta hasta 12 (13: 14: 15: 16) p rest.

Cont de esta forma hasta que el delantero mida lo mismo que la espalda, termine en el borde de la sisa.

Hombro

Cierre.

delantero derecho

Trabaje como en delantero izquiedo **.

Emp con una vuelta d, trabaje en p de media y rayas de 2 vueltas C y 2 vueltas M, hasta que el delantero mida 14 (15: 16: 19: 22) cm desde el principio, trabaje 1 vuelta más que en el delantero izquierdo.

Sisas

Siguiendo con las rayas de p de media como se ha explicado, cierre 3 (3: 3: 4: 4) p al principio de la sig vuelta.

Vuelta sig D hasta últimos 4 p, d2jun, d2.

Vuelta sig R hasta el final.

Rep las 2 últimas vueltas 3 (4: 5: 5: 6) veces. **26 (27: 30: 31: 34) p.**

Cont hasta que el delantero mida 19 (21: 22: 26: 29) cm desde el principio, termine con una vuelta r.

Cuello

Vuelta sig D4 (5: 5: 5: 6) p y deje estos p en espera, d hasta el final.

Dis 1 p en el borde del cuello en cada vuelta hasta 12 (13: 14: 15: 16) p rest.

Cont de esta forma hasta que el delantero mida lo mismo que de la espalda al hombro, termine en el borde de la sisa.

Hombro

Cierre.

mangas

Con agujas de 3 mm y C, monte 34 (36: 38: 40: 42) p.

Vuelta 1 elástico (D1, r1) hasta el final.

Cambie a M.

Con M, rep la última vuelta 5 veces más.

Cambie a agujas de 3 ¼ mm.

Emp con una vuelta d, trabaje en p de media y rayas de 2 vueltas C y 2 vueltas M y, **al mismo tiempo,** aum 1 p en cada extremo de la vuelta 3 y en cada sig vuelta 4 alterna hasta tener 54 (56: 60: 68: 74) p.

Trabajando en rayas de p de media, como se ha explicado, cont hasta que la manga mida 15 (17: 19: 22: 24) cm desde el principio, termine con la misma vuelta de raya que de la espalda a la sisa.

Parte superior de la manga

Cierre 3 (3: 3: 4: 4) p al principio de las sig 2 vueltas.

Vuelta sig D2, ppde, d hasta los últimos 4 p, d2jun, d2.

Vuelta sig R hasta el final.

Rep las 2 últimas vueltas 3 (4: 5: 5: 6) veces. **40 (40: 42: 48: 52) p.**

Cierre.

tira del cuello

Una las costuras del hombro.

Del derecho, con agujas de 3 mm y M, desl 4 (5: 5: 5: 6) p del delantero derecho en espera a una aguja, recoja y d 17 (18: 18: 19: 19) p, suba por el cuello delantero, d27 (29: 31: 33: 35) p del cuello posterior en espera, recoja y d17 (17: 18: 19: 19), baje por el cuello del delantero izquierdo, después d 4 (5: 5: 5: 6) p del delantero izquierdo en espera. **69 (73: 77: 81: 85) p.**

Vuelta 1 R1, (d1, r1) hasta el final.

Vuelta 2 D1, (r1, d1) hasta el final.

Estas 2 vueltas forman el elástico.

Trabaje 3 vueltas más en elástico.

Cambie a C.

Elástico 1 vuelta.

Cierre en elástico.

tira de botones

Del derecho, con agujas de 3 mm y M, recoja y d 55 (61: 63: 71: 71) p a lo largo del borde del delantero izquierdo.
Trabaje 5 vueltas en elástico como se ha explicado en la tira del cuello.
Cambie a C.
Elástico 1 vuelta.
Cierre en elástico.

tira de ojales

Del derecho, con agujas de 3 mm y M, recoja y d 55 (61: 63: 71: 71) p a lo largo del borde del delantero derecho.
Trabaje 2 vueltas en elástico como en la tira del cuello.
Vuelta de ojales Elástico 1 (2: 3: 1: 1), (elástico 2jun, hd, elástico 8 (9: 9: 9: 10) p 5 (5: 5: 6: 6) veces,
elástico 2 jun, hd, elástico 2 (2: 3: 2: 2).
Elástico 2 vueltas.
Cambie a C.
Elástico 1 vuelta.
Cierre en elástico.

confección

Cosa las mangas a las sisas, haciendo coincidir las rayas y frunciendo el borde montado para que se ajusten
a las sisas. Cosa los laterales y las mangas, así como los botones.

tamaño

Para edades de 3-6 meses

materiales

2 ovillos de 50 g de Debbie Bliss Baby Cashmerino, uno en gris (M) y otro en crudo (C)

Agujas de 2 ¾ mm

muestra

28 p y 37 vueltas para un cuadrado de 10 x 10 cm en p de media con agujas de 2 ¾ mm

abreviaturas

Véase pág. 25

patucos a rayas

confección

Con agujas de 2 ¾ mm y M, monte 36 p y d 1 vuelta.

Vuelta 1 (derecho) D1, hd, d16, hd, (d1, hde) 2 veces, d16, hd, d1.

Vuelta 2 y todas las del revés D hasta el final, trabajando d1 prbu en cada hd de la vuelta anterior.

Vuelta 3 D2, hd, d16, hd, d2, hd, d3, hd, d16, hd, d2.

Vuelta 5 D3, hd, d16, hd, (d4, hd) 2 veces, d16, hd, d3.

Vuelta 7 D4, hd, d16, hd, d5, hd, d6, hd, d16, hd, d4.

Vuelta 9 D5, hd, d16, hd, (d7, hd) 2 veces, d16, hd, d5.

Vuelta 11 D22, hd, d8, hd, d9, hd, d22. 64 p.

Vuelta 12 como la vuelta 2.

Emp con una vuelta d, cont en rayas de p de media de 2 vueltas C y 2 vueltas M del siguiente modo:

Trabaj 10 vueltas.

Empeine

Vuelta sig D36, ppde, dé la vuelta.

Vuelta sig Desl 1, r8, r2jun, dé la vuelta.

Vuelta sig Desl 1, d8, ppde, dé la vuelta.

Rep las últimas 2 vueltas 7 veces más, luego trabaje de nuevo la primera de las 2 vueltas.

Vuelta sig Desl 1, d hasta el final.

Vuelta sig R17, r2jun, r8, r2jun prbu, r17. **44 p.**

Corte C y cont sólo con M.

Vuelta sig (D1, r1)= hasta el final.

Rep la última vuelta 11 veces más.

Cambie a C.

Elástico 1 y cierre en elástico.

acabado

Una la planta y la costura trasera.

chaqueta
cruzada con lazo

medidas
Para edades de 3-6 (6-9: 9-12: 12-18: 18-24) meses
medidas reales
Pecho 50 (53: 60: 63: 70) cm
Largo de hombro 24 (26: 29: 32: 36) cm
Largo de manga 14 (16: 18: 20: 22) cm

materiales
3 (4: 4: 5: 5) ovillos de Debbie Bliss Cashmerino Aran en color piedra (CP) y 1 ovillo en azul verdoso (CC)
Agujas de 4 ½ y de 5 mm
Un botón
50 cm de cinta o de cordón de cuero

muestra
24 p y 24 vueltas para un cuadrado de 10 x 10 cm en punto elástico con agujas de 5 mm

abreviaturas
Véase pág. 25

espalda

Con agujas de 5 mm y CC, monte 62 (66: 74: 78: 86) p.

Vuelta 1 (derecho) D2, * r2, d2; rep desde * hasta el final.

Vuelta 2 R2, * d2, r2; rep desde * hasta el final.

Estas 2 vueltas forman el elástico.

Cambie a CP.

Cont en elástico hasta que la espalda mida 14 (15: 17: 19: 22) cm desde el principio, termine con 1 vuelta del revés.

Sisas

Monte 1 p al principio de las sig 2 vueltas. 64 (68: 76: 80: 88) p.

Cont en elástico hasta que la espalda mida 24 (26: 29: 32: 36) cm desde el principio, termine con 1 vuelta del revés.

Cierre.

delantero izquierdo

Con agujas de 5 mm y CC, monte 40 (48: 48: 52) p.

Vuelta 1 (derecho) D2, * r2, d2; rep desde * hasta últimos 6 p, r2, d2.

Vuelta 2 * D2, r1; rep desde * hasta el final.

Estas 2 vueltas forman el elástico.

Cambie a CP.

Cont en elástico hasta que el delantero mida 14 (15: 17: 19: 22) cm desde el principio, termine con 1 vuelta del revés.

Sisas

Monte 1 p al principio de la sig vuelta. 41 (45: 49: 49: 53) p.

Trabaje en p montado como r1 en las vueltas del derecho y d1 en las vueltas del revés, cont en elástico hasta que el delantero mida 22 (24: 24: 27: 29) cm desde el principio, termine con una vuelta del revés.

Tira de ojales Elástico hasta últimos 4 p, d2jun, hd, d2.

Cuello

Vuelta sig Cierre 21 (24: 27: 26: 29) p, patrón hasta el final.

Trabaje así en elástico hasta que el delantero mida como la espalda, termine con una vuelta del revés.

Cierre.

delantero derecho

Con agujas de 5 mm y CC, monte 40 (44: 48: 48: 52) p.

Vuelta 1 (derecho) D4, * r2, d2; rep desde * hasta el final.

Vuelta 2 R2, * d2, r2; rep desde *hasta últimos 2 p, d2.

Estas 2 vueltas **forman** el elástico.

Cambie a CP.

Cont en elástico hasta que el delantero mida 14 (15: 17: 19: 22) cm desde el principio, termine con 1 vuelta del revés.

Sisa

Monte 1 p al principio de la sig vuelta. 41 (45: 49: 49: 53) p.

Trabaje en p montado como r1 en las vueltas del derecho y d1 en las vueltas del revés, cont así hasta que el delantero mida lo mismo que la espalda, termine con una vuelta del revés.

Cierre.

mangas

Con agujas de 5 mm y CC, monte 42 (46: 50: 54: 58) p.

Vuelta 1 (derecho) D2, * r2, d2; rep desde * hasta el final.

Cambiar a CP.

Vuelta 2 R2, * d2, r2; rep desde * hasta el final.

Estas 2 vueltas forman el elástico.

Trabaje 6 vueltas más.

Cambie a agujas de 4 ½ mm.

Trabaje 8 vueltas más

Cambie a agujas de 5 mm.

Cont en elástico y aum 1 p en cada extremo de la vuelta 5 y cada sig cuarta vuelta hasta tener 52 (58: 64: 72: 76) p.

Cont así hasta que la manga mida 19 (21: 23: 25: 27) cm desde el principio, termine con 1 vuelta del revés.

Cierre.

confección

Una las costuras del hombro. Cosa las mangas y su costura, teniendo en cuenta que el puño va doblado y que la costura debe hacerse 5 cm por el otro lado. Superponga el delantero izquierdo al delantero derecho, cosa el botón en la parte del revés del delantero derecho que corresponda con el ojal. Corte la cinta por la mitad y cosa una parte en el borde del delantero derecho y la otra en el delantero izquierdo a la misma altura. Haga un lazo.

pichi

medidas
Para edades de 3-6 (6-9: 9-12) meses
medidas reales
Pecho 47 (52: 57) cm
Largo del hombro 36 (42: 48) cm

materiales
3 (4: 4) ovillos de 50 g de Debbie Bliss Baby Cashmerino en gris
Agujas de 3 y de 3 ¼ mm
2 botones

muestra
25 p y 40 vueltas para un cuadrado de 10 x 10 cm en punto de arroz con agujas de 3 ¼ mm

abreviaturas
Véase pág. 25

delantero

Con agujas de 3 mm, monte 101 (109: 117) p.

Emp con una vuelta d, trabaje en p de media.

Trabaje 2 vueltas.

Vuelta de ojete D1, * hd, d2jun; rep desde * hasta el final.

Trabaje 3 vueltas.

Cambie a agujas de 3 ¼ mm.

P de arroz D1, * r1, d1; rep desde * hasta el final.

Esta vuelta **forma** el p de arroz y se repite.

Cont en p de arroz hasta que el delantero mida 22 (26: 30) cm desde el principio, termine con una vuelta del revés.

Vuelta dis (derecho) D1 (2: 4), (ppde, d1, d2jun) 20 (21: 22) veces, d0 (2: 3). 61 (67: 73) p.

Cambie a agujas de 3 mm **.

D 5 vueltas.

Cierre 8 (9: 10) p al principio de sig 2 vueltas de p bobo. 45 (49: 53) p.

Cambie a agujas de 3 ¼ mm.

Vuelta sig D3, * r1, d1; rep desde * hasta últimos 4 p, r1, d3.

Esta vuelta **forma** el p de arroz con p bobo en los bordes.

Patrón 1 vuelta.

Vuelta sig D2, ppde, patrón hasta últimos 4 p, d2jun, d2.

Patrón 3 vueltas.

Rep las últimas 4 vueltas 6 (7: 8) veces más. 31 (33: 35) p.

Patrón 1 vuelta.

Cambie a agujas de 3 mm.

D 5 vueltas.

Tirantes

Vuelta sig (derecho) D6, dé la vuelta.

Trabaje estos 6 p para el primer tirante hasta que éste mida 25 (27: 29) cm.

Cierre.

Del derecho, una el hilo a p rest, cierre 19 (21: 23) p, d hasta el final.

Trabaje en los 6 p rest para el segundo tirante hasta que mida 25 (27: 29) cm.

Cierre.

espalda

Trabaje como en delantero hasta **.

D 3 vueltas.

Vuelta de ojales D15 (17: 19), hd, d2jun, d hasta últimos 17 (19: 21) p, d2jun, hd, d15 (17: 19).

D 3 vueltas.

Cierre.

confección

Una las costuras. Doble el dobladillo por el revés y cosa. Cosa los botones en los tirantes.

toquilla de encaje

tamaño

94 x 110 cm, sin el borde

materiales

16 ovillos de 50 g de Debbie Bliss Baby Cashmerino en azul celeste

Agujas de 3 ¼ mm

Aguja circular de 3 ¼ mm

muestra

24 p y 40 vueltas para un cuadrado de 10 x 10 cm del patrón con agujas de 3 ¼ mm

abreviaturas

Desld2junde = des 1, d2jun, pase el punto deslizado por encima del punto

2pas = levante 2 veces sin tejer

Véase pág. 25

cuadrado

Con una aguja circular de 3 ¼ mm, monte 239 p.

Vuelta 1 (derecho) D2, * d1 prbu, d2, hd, ppde, d4, hd, ppde, d3, d2jun, hd, d2; rep desde * hasta últimos 3 p, d1 prbu, d2.

Vuelta 2 y todas las sig vueltas del revés R.

Vuelta 3 D2, * d1, d2jun, hd, d1 prbu, hd, ppde; rep desde * hasta últimos 3 p, d3.

Vuelta 5 D1, hd, * desld2junde, hd, d3, hd; rep desde * hasta últimos 4 p, desld2junde, hd, d1.

Vuelta 7 D2, * hd, ppde, d3, d2jun, hd, d5, hd, ppde, d4; rep desde * hasta últimos 3 p, hd, ppde, d1.

Vuelta 9 D2jun, hd, * d1 prbu, hd, ppde, d3, d1 prbu, d2, hd, ppde, d1, d1 prbu, d3, d2jun, hd; rep desde * hasta últimos 3 p, d1 prbu, hd, ppde.

Vuelta 11 D2, * d2, hd, ppde, d3, d2jun, hd, d1 prbu, hd, ppde, d3, d2jun, hd, d1; rep desde * hasta últimos 3 p, d3.

Vuelta 13 D2, * d3, hd, ppde, d1, d2jun, hd, d3, ppde, d1, d2jun, hd, d2; rep desde * hasta últimos 3 p, d3.

Vuelta 15 D2, * (hd, ppde, d2) 2 veces, hd, desld2junde, hd, d2, d2jun, hd, d3; rep desde * hasta últimos 3 p, hd, ppde, d1.

Vuelta 17 D2jun, hd, * d1 prbu, (hd, ppde, d2) 2 veces, hd, ppde, d1, d2jun, hd, d2, d2jun, hd; rep desde * hasta últimos 3 p, d1 prbu, hd, ppde.

Vuelta 19 D2, * (d2, hd, ppde) 2 veces, d1, d1 prbu, d1, d2jun, hd, d2, d2jun, hd, d1; rep desde * hasta últimos 3 p, d3.

Vuelta 21 D1, hd, * desld2junde, hd, d5, hd, ppde, d1, d2jun, hd, d5, hd; rep desde * hasta últimos 4 p, desld2junde, hd, d1.

Vuelta 23 D2, * hd, ppde, d6, hd, desld2junde, hd, d7; rep desde * hasta últimos 3 p, hd, ppde, d1.

Vuelta 24 como la vuelta 2.

Estas 24 vueltas **forman** el patrón y se repiten.

Cont según patrón y termine con la vuelta 23 de la 17 repetición del patrón (407 vueltas trabajadas).

Cierre.

bordes

Con agujas de 3 ¼ mm, monte 10 p.

D 1 vuelta, después trabaje según patrón del siguiente modo:

Vuelta 1 (revés) Desl 1, (d1, hd, d2jun) 2 veces, d1, d2jun, d1, d2jun, d1.

Vuelta 2 (D2, r1) 2 veces (cada 2pas se considera como 2 p, el primero se trabaja cono d1, el segundo como r1), d2, (hd, d2jun, d1) 2 veces.

Vuelta 3 Desl 1, (d1, hd, d2jun) 2 veces, d7.

Vuelta 4 Cierre 4, d3, (hd, d2jun, d1) 2 veces.

Estas 4 vueltas **forman** el patrón del borde y se repiten hasta que el borde sea lo suficientemente largo para rodear el cuadrado, y fruncirse ligeramente en las esquinas; termine con una vuelta 3.

Cierre.

confección

Cierre el cuadrado colocando una toalla sobre una tabla y clavando la labor con alfileres hasta el tamaño correcto. Rocíe ligeramente con agua y deje que se seque. Cubra el borde por partes con un trapo húmedo y planche un poco a una temperatura media. Una los extremos de los bordes montados y cerrados y cosa alrededor del cuadrado.

tamaño
Para edades de 3-6 meses

materiales
1 ovillo de 50 g de Debbie Bliss Baby Cashmerino en azul celeste
Agujas de 2 ¾ mm
2 botones

muestra
28 p y 37 vueltas para un cuadrado de 10 x 10 cm en p de media con agujas de 2 ¾ mm

abreviaturas
Véase pág. 25

sandalias

sandalia derecha

Con agujas de 2 ¾ mm, monte 36 p.

D 1 vuelta.

Vuelta 1 (derecho) D1, hd, d16, hd, (d1, hd) 2 veces, d16, hd, d1.

Vuelta 2 y todas las del revés D hasta el final, trabajando d1 prbu en cada hd de la vuelta anterior.

Vuelta 3 D2, hd, d16, hd, d2, hd, d3, hd, d16, hd, d2.

Vuelta 5 D3, hd, d16, hd, (d4, hd) 2 veces, d16, hd, d3.

Vuelta 7 D4, hd, d16, hd, d5, hd, d6, hd, d16, hd, d4.

Vuelta 9 D5, hd, d16, hd, (d7, hd) 2 veces, d16, hd, d5.

Vuelta 11 D22, hd, d8, hd, d9, hd, d22. **64 p.**

Vuelta 12 como la vuelta 2.

Emp con una vuelta d, cont 7 vueltas en p de media

Vuelta sig (R sig p jun con correspondiente p 7 vueltas por debajo) hasta el final.

Empiece con una vuelta d, trabaje 8 vueltas en p de media.

Empeine

Vuelta sig D36, ppde, dé la vuelta.

Vuelta sig Desl 1, r8, r2jun, dé la vuelta.

Vuelta sig Desl 1, d8, ppde, dé la vuelta.

Rep las últimas 2 vueltas 7 veces más, luego trabaje la primera de las 2 vueltas de nuevo.

Vuelta sig Desl 1, d hasta el final.

Vuelta sig D17, d2jun, d8, r2jun, ppde, d17. **44 p.**

Vuelta sig D24, dé la vuelta.

Vuelta sig R4, dé la vuelta.

Vuelta sig D4, dé la vuelta.

Trabaje 6 cm en p de media sólo en estos 4 puntos para la tira delantera.

Cierre estos 4 puntos.

Del derecho, una el hilo en la base de la tira, recoja y d15 p a lo largo del borde lateral de la tira, después dé la vuelta y cierre 26 p del derecho, reserve los 9 rest.

Del derecho, una el hilo a la parte superior del otro lado de la tira, recoja y d15 p a lo largo del borde lateral de la misma, después d rest 20 p.

Vuelta sig D9, cierre rest 26 p del derecho.

Una la suela y la costura posterior del talón.

Del derecho y con agujas de 2 ¾ mm, d en los 18 p a lo largo del talón para la tira del tobillo.**

Vuelta sig Monte 22 p, d hasta el final, dé la vuelta y monte 4 p.

Vuelta de ojal D hasta los últimos 3 p, hd, d2jun, d1.

D2 vueltas.

Cierre.

Doble la tira delantera sobre la tira del tobillo y con punto alargado coloque el borde cerrado.

Cosa el botón.

sandalia izquierda

Trabaje como la sandalia derecha hasta **.

Vuelta sig Monte 4 p, d hasta el final, dé la vuelta y monte 22 p.

Vuelta de ojal D1, ppde, hd, d hasta el final.

Concluya de la misma forma que la sandalia derecha.

patucos con borde en punto picot

tamaño
Para edades de 3-6 meses

materiales
1 ovillo de 50 g de Debbie Bliss Baby Cashmerino en color crudo
Agujas de 2 ¾ mm
2 botones

muestra
28 p y 37 vueltas para un cuadrado de 10 x 10 cm en p de media con agujas de 2 ¾ mm

abreviaturas
Véase pág. 25

patuco derecho

Con agujas de 2 ¾ mm, monte 36 p.

D 1 vuelta.

Vuelta 1 (derecho) D1, hd, d16, hd, (d1, hd) 2 veces, d16, hd, d1.

Vuelta 2 y todas las del revés D hasta el final, trabajando d1 prbu en cada hd de la vuelta anterior.

Vuelta 3 D2, hd, d16, hd, d2, hd, d3, hd, d16, hd, d2.

Vuelta 5 D3, hd, d16, hd, (d4, hd) 2 veces, d16, hd, d3.

Vuelta 7 D4, hd, d16, hd, d5, hd, d6, hd, d16, hd, d4.

Vuelta 9 D5, hd, d16, hd, (d7, hd) 2 veces, d16, hd, d5.

Vuelta 11 D22, hd, d8, hd, d9, hd, d22. 64 p.

Vuelta 12 como la vuelta 2.

D 12 vueltas.

Empeine

Vuelta sig D36, ppde, dé la vuelta.

Vuelta sig Desl 1, r8, r2jun, dé la vuelta.

Vuelta sig Desl 1, d8, ppde, dé la vuelta.

Rep las últimas 2 vueltas 5 veces más, luego trabaje la primera de las 2 vueltas de nuevo.

Vuelta sig Desl 1, d hasta el final.

Vuelta sig D19, d2jun, d8, ppde, d19. 48 p.

Vuelta sig D9, deje estos p en espera, cierre 1 p (desl el p que ahora está en la aguja derecha de nuevo a la aguja izquierda, monte 2 p, cierre 4 p) 14 veces, desl el p a la aguja izquierda, monte 2 p, cierre 3 p, d hasta el final, deje estos 9 p en espera.

Una la planta y la costura posterior del talón.

Del revés y con agujas de 2 ¾ mm, d en los 18 p en espera para la tira del tobillo **.

Vuelta sig Monte 4 p, d hasta el final, dé la vuelta y monte 22 p.

Vuelta de ojal D1, ppde, hd, de hasta el final.

D 2 vueltas.

Cierre.

Cosa el botón.

patuco izquierdo

Trabaje como con el patuco derecho hasta **.

Vuelta sig Monte 22 p, de hasta el final, dé la vuelta y monte 4 p.

Vuelta de ojal D hasta los últimos 3 p, hd, d2jun, d1.

Concluya de la misma forma que el patuco derecho.

tamaño

Para edades de 3-6 meses

materiales

1 ovillo de 50 g de Debbie Bliss Baby Cashmerino en azul verdoso

Agujas de 2 ¾ mm

muestra

28 p y 50 vueltas miden 10 x 10 cm en p bobo con agujas de 2 ¾ mm

abreviaturas

Véase pág. 25

patucos bebé

confección

Con agujas de 2 ¾ mm, monte 18 p (para la primera mitad de la vuelta del patuco) y d 12 vueltas.

Corte el hilo y deje estos p en espera.

Con agujas de 2 ¾ mm, monte 18 p (para la segunda mitad de la vuelta del tobillo) y d 12 vueltas.

Unir las dos mitades de la vuelta del tobillo

Vuelta sig (D1, r1) 9 veces, después (d1, r1) 9 veces a través de la primera mitad de la vuelta del tobillo en espera. **36 p.**

Vuelta sig (D1, r1) hasta el final.

Rep la última vuelta 6 veces más.

Empeine

Vuelta sig (derecho) D23, dé la vuelta.

Vuelta sig D10, dé la vuelta.

Trabaje 24 vueltas en p bobo en los 10 p del centro.

Vuelta sig D1, ppde, d4, d2jun, d1. **8 p.**

D 1 vuelta.

Corte el hilo.

Del derecho, una el hilo en la base de la suela, recoja y d13 de forma uniforme a lo largo de un lado del empeine, d en los 8 p del centro, después recoja y d13 p de manera uniforme al otro lado del empeine, d rest 13 p. **60 p.**

D 13 vueltas.

Emp con una vuelta d, trabaje 7 vueltas en p de media.

Vuelta sig (R sig p jun con correspondiente p 7 vueltas por debajo) hasta el final.

Corte el hilo.

Planta

Vuelta sig Desl primeros 25 p a la aguja derecha, una el hilo y d10 p, dé la vuelta.

Vuelta sig D9, d2jun, dé la vuelta.

Rep la última vuelta hasta 20 p rest.

Cierre.

acabado

Una la costura posterior, y con ella en el centro de los puntos cerrados, una la costura del talón.

chaqueta con borde de encaje

medidas

Para edades de 3-6 (6-9: 9-12: 12-18: 18-24) meses

medidas reales

Pecho 50 (54: 59: 62: 68) cm

Largo de hombros 22 (24: 26: 29: 32) cm

Largo de manga 15 (17: 19: 21: 23) cm

materiales

3 (4: 4: 5: 6) ovillos de 50 g de Debbie Bliss Cashmerino en rosa claro

Agujas de 3 ¼ mm

muestra

24 p y 52 vueltas para un cuadrado de 10 x 10 cm en punto bobo con agujas de 3 ¼ mm

abreviaturas

Ddd = delante y detrás del siguiente punto

Véase pág. 25

espalda y delanteros

Trabaje de una pieza hasta las sisas.

Con agujas de 3 ¼ mm, monte 117 (127: 139: 149: 163) p.

Trabaje en p bobo (derecho todas las vueltas) hasta que la labor mida 12 (13: 14: 16: 18) cm desde el principio, acabe con una vuelta del derecho.

Dividir para espalda y delanteros

Vuelta sig D23 (25: 28: 31: 34), estos p formarán el delantero izquierdo; cierre 6 para sisa izquierda, d hasta que tenga 59 (65: 71: 75: 83) p en la aguja derecha; estos p formarán la espalda; cierre 6 para la sisa derecha, d hasta el final.

Cont en la última serie de 23 (25: 28: 31: 34) p para delantero derecho, deje rest 2 grupos de p en espera.

Vuelta sig (derecho) D5, ppde, d 16 (18: 21: 24: 27).

D 3 vueltas.

Vuelta sig D 5, ppde, d hasta el final.

Rep las últimas 4 vueltas hasta 12 (13: 15: 16: 18) p rest.

Cont así hasta que el delantero mida 22 (24: 26: 29: 32) cm desde el principio, acabe con una vuelta del revés.

Deje estos p en espera.

Delantero izquierdo

Por el derecho, una hilo a 23 (25: 28: 31: 34) p en espera para el delantero izquierdo, d16 (18: 21: 24: 27), d2jun, d5.

D 3 vueltas.

Rep las últimas 4 vueltas, trabajando 1 p menos antes de dis cada vez, hasta 12 (13: 15: 16: 18) p rest.

Cont hasta que el delantero mida 22 (24: 26: 29: 32) cm desde el principio, termine con una vuelta del revés.

Deje estos p en espera.

Espalda

Por el derecho, una a rest a 59 (65: 71: 75: 83) p en espera para la espalda, d hasta el final.

Cont hasta que la espalda mida 22 (24: 26: 29: 32) cm desde el principio, termine con una vuelta del revés.

Deje p en espera.

mangas

Con agujas de 3 ¼ mm, monte 37 (40: 45: 48: 51) p.

D 6 vueltas.

Vuelta aum Ddd, d hasta últimos 2 p, ddd, d1.

D5 (6: 6: 7: 8) vueltas.

Rep las últimas 6 (7: 7: 8: 9) vueltas 6 (7: 7: 8: 9) veces más, después la vuelta de aum otra vez.

53 (58: 63: 68: 73) p.

Cont hasta que la manga mida 12 (14: 16: 18: 20) cm desde el principio.

Marque los extremos de la última vuelta, después d 6 vueltas.

Cierre.

confección

Del revés, desl 12 (13: 15: 16: 18) p del delantero izquierdo a una aguja de 3 ¼ mm; después, por el revés, desl 12 (13: 15: 16: 18) p del delantero derecho a la misma aguja, que estará orientada hacia la sisa derecha.

Con el derecho del delantero y la espalda juntos, cierre los hombros trabajando un p del delantero y uno

de la espalda cada vez. Cuando haya cerrado todos los p del delantero derecho, cont cerrando p de la espalda hasta 12 (13: 15: 16: 18) p rest en la aguja de la izquierda y 1 p rest en la aguja derecha; después, cierre delantero izquierdo y espalda como antes.

Una las costuras de las mangas, dejando aberturas sobre las marcas.

Cosa las mangas a las sisas, uniendo los puntos de las mangas a los p bajo el brazo y los remates de la manga cosidos a los p cerrados bajo el brazo.

ribetes

Con agujas de 3 ¼ mm, monte 5 p.

Vuelta 1 (derecho) D1, hd, d2jun, hd, d2.

Vueltas 2, 4, 6 y 8 Teja del derecho.

Vuelta 3 D2, hd, d2jun, hd, d2.

Vuelta 5 D3, hd, d2jun, hd, d2.

Vuelta 7 D4, hd, d2jun, hd, d2.

Vuelta 9 D5, hd, d2jun, hd, d2.

Vuelta 10 Cierre 5 p, d hasta el final. 5 p.

Estas 10 vueltas **forman** el encaje del ribete y se repiten siempre.

Ribete del puño (para 2)

Repita las 10 vueltas según patrón hasta encajar los puños en la parte baja de las mangas, acabe con una vuelta 10.

Cierre rest 5 p.

Ribete delantero y del cuello

Repita las 10 vueltas según patrón, subiendo por el delantero izquierdo, rodeando el cuello y bajando por el delantero derecho hasta acabar con una vuelta 10. Cierre rest 5 p.

Cosa el ribete al delantero al borde del cuello y a los extremos de las mangas.

chaqueta con bordes tubulares

medidas

Para edades de 3-6 (6-9: 9-12: 12-18: 18-24) meses

medidas reales

Pecho 48 (54: 60: 66: 72) cm

Largo de hombros 33 (35: 37: 38: 41) cm

Largo de manga 14 (16: 18: 20: 22) cm

materiales

6 (7: 8: 9: 10) ovillos de 50 g de Debbie Bliss Cotton Double Knitting en color chocolate (CP) y un ovillo de 50 g en color azul celeste (CC)

Agujas de 4 mm

3 botones

muestra

20 p y 39 vueltas para un cuadrado de 10 x 10 cm en punto bobo con agujas de 4 mm

abreviaturas

Véase pág. 25

espalda

Con agujas de 4 mm y CC, monte 66 (72: 78: 84: 90) p.

Emp con 1 vuelta d, trabaje 3 vueltas en p de media.

Cambie a CP y 1 vuelta r.

D 6 (6: 8: 8: 8) vueltas.

Vuelta sig (derecho) D6, ppde hasta últimos 8 p, d2jun, d6.

D 1 vuelta.

Rep las últimas 8 (8: 10: 10: 10) vueltas 7 veces más. 50 (56: 62: 68: 74) p.

D 8 (12: 0: 4: 8) vueltas.

Sisas

Cierre 3 (3: 4: 4: 5) p al principio de las sig 2 vueltas. 44 (50: 54: 60: 64) p.

D 2 vueltas.

Vuelta sig (derecho) D2, ppde, d hasta últimos 4 p, d2jun, d2.

D 3 vueltas.

Rep las últimas 4 vueltas 9 (10: 11: 12: 13) veces más. 24 (28: 30: 34: 36) p.

Deje estos p en espera.

delantero izquierdo

Con agujas de 4 mm y CC, monte 35 (38: 41: 44: 47) p.

Emp con 1 vuelta d, trabaje 3 vueltas en p de media.

Cambie a CP y 1 vuelta r.

D 6 (6: 8: 8: 8) vueltas.

Vuelta sig (derecho) D6, ppde, d hasta el final.

D 1 vuelta.

Rep las últimas 8 (8: 10: 10: 10) vueltas 7 veces más. 27 (30: 33: 36: 39) p.

D 8 (12: 0: 4: 8) vueltas.

Sisas

Cierre 3 (3: 4: 4: 5) p al principio de la sig vuelta. 24 (27: 29: 32: 34) p.

D 3 vueltas.

Vuelta sig (derecho) D2, ppde, d hasta el final.

D 3 vueltas.

Rep las últimas 4 vueltas 3 (3: 3: 3: 4) veces más. 20 (23: 25: 28: 29) p.

Vuelta sig (derecho) D2, ppde, d hasta el final.

D 0 (0: 2: 2: 0) vueltas.

Cuello

Vuelta sig (revés) Cierre 4 p: d hasta el final.

Sólo tamaños 1, 2 y 5

Vuelta sig D hasta últimos 4 p, d2jun, d2.

D 1 vuelta.

Todos los tamaños

Vuelta sig D2, ppde, d hasta últimos 4 p, d2jun, d2.

D 1 vuelta.

Vuelta sig D hasta últimos 4 p, d2jun, d2.

D 1 vuelta.

Rep las últimas 4 vueltas 1 (2: 3: 4: 4) veces más. 8 p.

Vuelta sig D2, ppde, d2jun, d2. 6 p.

D 3 vueltas.

Vuelta sig D1, ppde, d2jun, d1. **4 p.**

D 3 vueltas.

Vuelta sig ppde, d2jun. **2 p.**

D 3 vueltas.

Ponga estos p en un imperdible.

delantero derecho

Con agujas de 4 mm y CC, monte 35 (38: 41: 44: 47) p.

Emp con 1 vuelta d, trabaje 3 vueltas en p de media.

Cambie a CP y 1 vuelta r.

D 6 (6: 8: 8: 8) vueltas.

Vuelta sig (derecho) D hasta últimos 8 p, d2jun, d6.

D 1 vuelta.

Rep las últimas 8 (8: 10: 10: 10) vueltas 6 (6: 5: 5: 5) veces más. **28 (31: 35: 38: 41) p.**

D 2 (2: 4: 4: 6) vueltas.

Vuelta 1 ojales (derecho) D2, hd, d2jun, d hasta el final.

D 3 (3: 3: 3: 1) vueltas.

Vuelta sig (derecho) D hasta últimos 8 p, d2jun, d6. **27 (30: 34: 37: 40) p.**

Sólo tamaños 3, 4 y 5

D 9 vueltas.

Vuelta sig (derecho) D hasta últimos 8 p, d2jun, d6.

Todos los tamaños

D 10 (13: 2: 5: 9) vueltas

Sólo tamaños 2, 4 y 5

Vuelta 2 ojales (derecho) D2, hd, d2jun, d hasta el final.

Todos los tamaños

Sisa

Vuelta sig (derecho) Cierre 3 (3: 4: 4: 5) p, d hasta el final. 24 (27: 29: 32: 34) p.

Sólo tamaños 1 y 3

Vuelta 2 ojales (derecho) D2, hd, d2jun, d hasta el final.

Todos los tamaños

D 1 (2: 1: 2: 2) vueltas.

Vuelta sig (derecho) D hasta últimos 4 p, d2jun, d2.

D 3 vueltas.

Rep las últimas 4 vueltas 2 (2: 3: 3: 3) veces más. 21 (24: 25: 28: 30) p.

Sólo tamaños 1, 2 y 5

Vuelta sig (derecho) D hasta últimos 4 p, d2jun, d2.

D 1 vuelta.

Vuelta 3 ojales (derecho) D2, hd, d2jun, d hasta el final.

D 1 vuelta.

Vuelta sig D hasta últimos 4 p, d2jun, d2.

D 1 vuelta.

Cuello

Vuelta sig (derecho) Cierre 4 p, con 1 p en la aguja, d1, ppde, d hasta el final.

D 1 vuelta.

Vuelta sig D2, ppde, d hasta últimos 4 p, d2jun, d2.

D 1 vuelta.

Vuelta sig D2, ppde, d hasta el final.

D 1 vuelta.

Sólo tamaños 3 y 4

Vuelta 3 ojales (derecho) D2, hd, d2jun, d hasta últimos 4 p, d2jun, d2.

D 3 vueltas.

Cuello

Vuelta sig (derecho) Cierre 4 p, con 1 p en la aguja, d1, ppde, d hasta últimos 4 p, d2jun, d2.

D 1 vuelta.

Vuelta sig (derecho) D2, ppde, d hasta el final.

D 1 vuelta.

Vuelta sig D2, ppde, d hasta últimos 4 p, d2jun, d2.

D 1 vuelta.

Vuelta sig (derecho) D2, ppde, d hasta el final.

D 1 vuelta.

Todos los tamaños

Rep las últimas 4 vueltas 1 (2: 2: 3: 4) veces más. 8 p.

Vuelta sig D2, ppde, d2jun, d2. 6 p.

D 3 vueltas.

Vuelta sig D1, ppde, d2jun, d1. 4 p.

D 3 vueltas.

Vuelta sig Ppde, d2jun. 2 p.

D 3 vueltas.

Ponga estos puntos en un imperdible.

mangas

Con agujas de 4 mm y CC, monte 28 (30: 32: 32: 34) p.

Emp con 1 vuelta d, trabaje 3 vueltas en p de media.

Cambie a CP y 1 vuelta r.

Siga en p bobo y aum 1 p en cada extremo de la vuelta 7 (11: 11: 11: 11) y de las sig 8 vueltas hasta 40 (42: 46: 48: 52) p.

Cont hasta que la manga mida 13 (15: 17: 19: 21) cm desde el principio del p bobo, acabe con 1 vuelta del revés.

Mangas raglán

Cierre 3 (3: 4: 4: 5) p al principio de las sig 2 vueltas. 34 (36: 38: 40: 42) p.

D 2 vueltas.

Vuelta sig D2, ppde, d hasta últimos 4 p, d2jun, d2.

D 3 vueltas.

Rep las últimas 4 vueltas 3 (4: 5: 6: 7) veces más. 26 p.

Vuelta sig D2, ppde, d7, ppde, d2jun, d7, d2jun, d2.

D 3 vueltas.

Vuelta sig D2, ppde, d hasta últimos 4 p, d2jun, d2. 20 p.

D 3 vueltas.

Vuelta sig D2, ppde, d4, ppde, d2jun, d4, d2jun, d2.

D 3 vueltas.

Vuelta sig D2, ppde, d hasta últimos 4 p, d2jun, d2. 14 p.

D 3 vueltas.

Vuelta sig D2, ppde, d1, ppde, d2jun, d1, d2jun, d2.

D 3 vueltas.

Vuelta sig D2, ppde, d hasta últimos 4 p, d2jun, d2. 8 p.

D 3 vueltas.

Deje rest 8 p en espera.

cuello

Una y cosa en ranglán.

Del derecho, con agujas de 4 mm y CP, emp 2 p en el delantero derecho, recoja y d13 (15: 15: 17: 19) p, suba cuello delantero, d2jun desde imperdible, trabaje (d2jun, d4, d2jun) en 8 p de manga derecha, trabaje (d2jun, d5 [6: 7: 8], d2jun, d6 [8: 8: 10: 12], d2jun, d5 [6: 7: 8: 8], d2jun) en 24 (28: 30: 34: 36) p en espera en los p del cuello posterior en espera, trabaje (d2jun, d4, d2jun) en p de manga izquierda, d2jun desde imperdible, después recoja y d14 (16: 16: 18: 20) p, baje por el cuello del delantero izquierdo, acabe 2 p en delantero derecho. 61 (69: 71: 79: 85) p.

Vuelta 1 (del revés) D todos los puntos.

Cambie a CC.

Emp con 1 vuelta d, trabaje 7 vueltas en p de media.

Cierre.

confección

Una costuras del lado y las mangas, dé la vuelta a las costuras para que contrasten los bordes.

Cosa los botones.

distribuidores de hilo / lana

Para la lista de productos de
hilos Debbie Bliss, contacte:

**ALEMANIA / AUSTRIA / SUIZA /
LUXEMBURGO / BÉLGICA /
HOLANDA**
**Designer Yarns (Deutschland)
Gmbh**
Welserstrasse 10g
D-51149 Köln
Alemania
Tel +49 (0) 2203 1021910
Fax +49 (0) 2203 1023551
Correo electrónico:
info@designeryarns.de
Página web:
www.designeryarns.de

AUSTRALIA / NUEVA ZELANDA
Prestige Yarns Pty Ltd
PO Box 39
Bulli
NSW 2516
Australia
Tel +61 (0) 2 4285 6669
Correo electrónico:
info@prestigeyarns.com
Página web:
www.prestigeyarns.com

BRASIL
Quatro Estacoes Com
Las Linhas e Acessorios Ltda
Av. Das Nacoes Unidas
12551-9 Andar
Cep 04578-000 São Paulo
Brasil
Tel +55 11 3443 7736
Correo electrónico:
cristina@4estacoes.com.br

CANADÁ
Diamond Yarns Ltd
155 Martin Ross Avenue, Unit 3
Toronto
Ontario M3J 2L9
Canadá
Tel +1 416 736 6111
Fax +1 416 736 6112
Página web:
www.diamondyarn.com

DINAMARCA
Fancy Knit
Hovedvejen 71
8586 Oerum Djurs
Ramten
Dinamarca
Tel +45 59 46 21 89
Fax +45 59 46 80 18
Correo electrónico:
roenneburg@mail.dk

ESPAÑA
Oyambre Needlework Sl
Balmes, 200 At. 4
08006 Barcelona
España
Tel +34 (0) 93 487 26 72
Fax +34 (0) 93 218 66 94
Correo electrónico:
info@oyambreonline.com

ESTADOS UNIDOS
Knitting Fever Inc.
315 Bayview Avenue
Amityville
NY 11701
Estados Unidos
Tel +1 516 546 3600
Fax +1 516 546 6871
Página web:
www.knittingfever.com

FINLANDIA
Eiran Tukku
Mäkelänkatu 54 B
00510 Helsinki
Finlandia
Tel +358 50 346 0575
Correo electrónico:
maria.hellbom@eirantukku.fi

FRANCIA
Plassard Diffusion
La Filature
71800 Varennes-sous-Dun
Francia
Tel +33 (0) 3 85282828
Fax +33 (0) 3 85282829
Correo electrónico: info@laines-
plassard.com

HONG KONG
East Unit Company
Unit B2, 7/F Block B
Kailey Inbdustrial Centre
12 Fung Zip Street
Chan Wan
Hong Kong
Tel +852 2869 7110
Fax +852 2537 6952
Correo electrónico:
eastunity@yahoo.com.hk

ISLANDIA
Storkurinn Ehf
Laugavegi 59
101 Reykjavik
Islandia
Tel +354 551 8358
Fax +354 562 8252
Correo electrónico:
storkurinn@simnet.is

MÉXICO
Estambres Crochet SA de CV
Aaron Saenz 1891-7
Col. Santa Maria
Monterrey
N.L. 64650
México
Tel +52 (81) 8335 3870
Correo electrónico:
abremer@redmundial.com.mx

NORUEGA
Vikingo of Norway
Bygdaveien 63
4333 Oltedal
Noruega
Tel +47 516 11 660
Fax +47 516 16 235
Correo electrónico: post@viking-garn.no
Página web: www.viking-garn.no

RUSIA
Golden Fleece Ltd
Soloviyny Proezd 16
117593 Moscú
Federación Rusa
Rusia
Tel +8 (903) 000 1967
Correo electrónico:
natalya@rukodelie.ru
Página web: www.rukodelie.ru

SUECIA
Nysta Garn Och Textil
Hogasvagen 20
S-131 47 Nacka
Suecia
Tel +46 708 81 39 54
Correo electrónico:
info@nysta.se
Página web: www.nysta.se

TAILANDIA
Needle World Co Ltd
Pradit Manoontham Road
Bangkok 10310
Tailandia
Tel +662 933 9167
Fax +662 933 9110
Correo electrónico: needle-world.coltd@googlemail.com

TAIWÁN
U-Knit
1F, 199-1 Sec
Zhong Xiao East Road
Taipei
Taiwán
Tel +886 2 275 275 57
Fax +886 2 275 285 56
Correo electrónico:
shuindigo@hotmail.com

UK & WORLDWIDE
DISTRIBUTORS
Designer Yarns Ltd
Units 8-10
Newbridge Industrial Estate
Pitt Street, Keighley
West Yorkshire BD21 4PQ
Reino Unido
Tel +44 (0) 1535 664222
Fax +44 (0) 1535 664333
Correo eléctrónico:
alex@designeryarns.uk.com
Página web:
www.designeryarns.uk.com

Para más información
sobre mis libros y mis hilos:
www.debbieblissonline.com

índice

Directora editorial **Jane O´Shea**
Directora creativa **Mary Evans**
Proyecto **Lisa Pendreigh**
Fotógrafos **Tim Evan-Cook, Ulla Nyeman y Debi Treloar**
Estilista **Julie Mansfield**
Ilustradora **Kate Simunek**
Ilustración de los patrones **Bridget Bodoano**

BLUME

Título original:
The Ultimate Book of Baby Knits

Traducción:
Rosa Cano Camarasa

Revisión de la edición en lengua española:
Isabel Jordana Baron
Profesora del Departamento de Moda
Escola de la Dona, Barcelona

Coordinación de la edición en lengua española:
Cristina Rodríguez Fischer

Primera edición en lengua española 2012
Reimpresión 2013, 2014

© 2012 Naturart, S.A. Editado por BLUME
Av. Mare de Déu de Lorda, 20
08034 Barcelona
Tel. 93 205 40 00   Fax 93 205 14 41
e-mail: info@blume.net
© 2006, 2007, 2009 Quadrille Publishing Limited, Londres
© 2006, 2007, 2009 del texto y de los proyectos Debbie Bliss

I.S.B.N.: 978-84-8076-980-8

Impreso en China

agradecimientos

Este libro no hubiese sido posible sin la colaboración de las siguientes personas:

Rosy Tucker, creadora de los preciosos juguetes. Sus aportaciones prácticas y creativas son siempre inestimables; también se ha ocupado de la comprobación de los patrones.

Penny Hill, por su gran trabajo en la compilación de patrones y en la organización de las personas encargadas de las labores.

Jane O´Shea, Lisa Pendreigh y **Mary Evans,** de Quadrille Publishing, por formar un equipo tan maravilloso con el que trabajar.

Julie Mansfield, por el perfecto estilismo y el diseño general.

Tim Evan-Cook, Ulla Nyeman y **Debi Treloar,** por las preciosas fotografías.

Sally Kvalheim y **Jo Gillingwater** por cuidar de los niños.

Y por supuesto las fantásticas madres y sus bebés: **Alara, Anwyn, Casey** y **Evelyn, Charlie, Conor. Daisy, Dotty, Dylan, Frankie, Funsho** y **Levy, Grace, Guy, Hayden, Jago, Jake, Katherine, Kristina, Laud, Luca, Luna, Mathilda, Mimi, Monty, Noah, Rachel** y **Joshua, Reggie, Robyn, Rosie** y **Sydney.**

Las excelentes tejedoras: **Cynthia Brent, Barbara Clapham, Pat Church, Jacqui Dunt, Shirley Kennet, Maisie Lawrence** y **Francis Wallace,** que han realizado un gran esfuerzo para crear las labores perfectas con la presión de una fecha límite.

Mi maravillosa agente **Heather Jeeves.**

Distribuidores, agentes, vendedores que me han ayudado en mis libros y, por supuesto, todas aquellas personas a las que les gusta tejer y que con su apoyo han hecho posible que llevase a cabo mis proyectos.

Créditos de las fotografías
Tim Evan-Cook páginas 4, 6-13, 26-28, 40-45, 62-67, 80-95,
108-109, 114-123, 148-153, 162-167, 174-177, 182-197, 206-213,
232-237, 248-251, 270-280 y 284-286.
Ulla Nyeman páginas 5, 33-35, 52-61, 110-113, 136-147, 218-231,
238-247, 260-269, 281-283 y 288.
Debi Treloar páginas 3, 14-25, 29-32, 36-39, 46-51, 68-79, 96-107,
124-135, 154-161, 168-173, 178-181, 198-205, 214-217 y 252-259.